負利率時代

別讓銀行偷走你的錢

Essence of Negative Interest Rate

經濟不景氣的今天，你想要跟上國際金融大潮嗎？

那你必須先做到：別讓銀行偷走你的錢！

劉華峰 著

目錄

目錄

第四章 何謂合理的貨幣供給量？

目錄

負利率時代到來

世界對於每個人似乎並不公平，因為祖輩為我們留下的資源有著天壤之別，有人銜著金湯匙而生，有人卻一貧如洗地來到這個世界，衣不裹體、食不飽腹。然而世界似乎又很公平，知識技術、精神文明等，那些祖輩用盡畢生心血求得的成就卻不能遺傳，每一個人都需要從零開始學習，人們不得不感嘆物種演化的奇妙之處，或許自然界就是以這種方式讓我們勞動與思考，不至於讓後代的四肢與大腦不斷地退化萎縮。

有句古話叫「富不過三代」，不是說富人的後代一定不能富，而是倘若後代坐享其成，無論祖輩留下多少財富，三代之後也所剩無幾。

負利率來了，再也沒有人可以夢想著躺在祖輩或自己前半生留下的積蓄上，安穩地在沙灘遮陽傘下沐浴著海風，用利息來支付日常開支，負利率的洶湧而至，打碎了無數人財務自由的夢想。或許你還會寄望於，負利率很快就會過去，你猜測這只是個暫時現象，就像經濟有繁榮有蕭條，你只是暫時遇到瓶頸，一切都會好起來；但看完本書，你或許會有不同的認識。

負利率的到來，關乎世界經濟運行，關乎全球資產重定價，關乎我們手中的財富。負利率究竟有著怎樣的成因？負利率將如何影響我們的生活？負利率與投資品價格的波動有著怎樣的關係？……只有了解負利率的本質，才能順利應對負利率的大潮，而本書提出的負利率目標制理論，將為讀者揭開負利率的神祕面紗，並為如何制定正確的經濟政策與融資、投資決策開闢新思路。

儘管在本書提出負利率目標制理論之前，負利率缺乏理論支持，但還是在摸索貨幣政策的操作中姍姍來遲了，部分已開發國家已率先進入負利率時代，部分已進入低利率或零利率運行區間。二〇〇九年以後，美國聯邦基金利率、一年期國債利率，維持在趨於零的水準；一九九五年後，日本一年期國債利率控制在1%以下，其大部分時間處於趨於零的水準，二〇一六年甚至進入負利率區間；二〇一四年後，歐元區的基準利率下降趨於零，一年期以內公債收益率進入負利率區間；二〇〇九年後，英國的基準利率與隔夜國債附買回利率控制在0.5%以下的水準；二〇〇九年後，加拿大隔夜附買回利率控制在1%以下，二〇一六年運行在0.5%左右；二〇〇九年後，瑞士三個月的 LIBOR 利率下降到1%以下，二〇一四年開始進入負利率區間……

然而，在筆者提出負利率目標制理論前，並沒有合理的理論能解釋負利率到來的原因，負利率又是如何出現的？負利率或低利率，出現在大型經濟危機之後，如日本一九九〇年代的房地產危機，美國等國二〇〇八年的金融危機。根據傳統理論，貨幣擴張可以刺激經濟發展，故這些國家在經濟危機之後大規模降息、增加貨幣投放，使利率下行。根據本書提出的「負利率目標制」理論，降低利率會導致組成商品的資金成本降低，因而降低利率會降低商品價格，導致這些國家的通膨水準持續降低。由於這些國家將穩定物價作為重要的貨幣政策目標，又根據加息抗通膨的傳統理論，較低的通膨水準不再需要加息，且低通膨加大了刺激經濟的寬鬆貨幣政策空間，因而維持了較低的利息水準。部分國家在降息過程中，出現了比預設通貨膨脹目標更低的通膨水準，甚至出現通縮。根據傳統理論，降息會增加貨幣供給量，貨幣增加會導致價格上升，這些國家試圖透過持續降低利率、增加貨幣投放來提高通膨水準，結果，持續降低利率沒有提高通膨，反而使得通膨在低位徘徊。

雖然部分國家已經進入了低利率，甚至負利率，但迄今為止，依然有眾多國家在摸索中前進，執行著不當的貨幣政策；已經進入負利率或零利率的國家，在實現負利率或零利率的過程中，也因為不當操作而造成了不必要的經濟損失，對於負利率或零利率的未來依然缺乏明確的方向。為了順利實施負利率目標制，使更多國家有據可依，筆者撰寫了此書，獻給關心貨幣政策與經濟發展的朋友。

由於缺乏正確、可操作的理論，貨幣政策一直在反覆試驗中跌跌撞撞。何為合理的貨幣供給量、何為正確的貨幣政策目標、如何實現貨幣政策目標，均沒有準確的定論，人們奉行「過多的貨幣追逐過少的貨物將導致通膨」的信條，緊盯著過多的貨幣，不曾過問過少的貨物。時至今日，「加息抗通膨」、「加息控資本外流」、「降息寬鬆貨幣帶來通膨」等眾多錯誤的理論，依然盤據著人們的腦海。

歷史上最具代表性的貨幣政策理論及框架——「貨幣數量論」與「通貨膨脹目標制」，儘管在貨幣政策舞台上發揮了重要的作用，但其缺陷也顯而易見。總體經濟政策若違背實質經濟運行規律，必將不當干擾實質經濟，降低實質經濟的運行效率。「負利率目標制」是一種全新的貨幣政策理論，基於實質經濟運行規律提出，目的是將貨幣政策對實質經濟的干擾降到最低，使實質經濟能沿著自身的軌道運行。貨幣作為公平合理的衡量尺度參與商品交換，而不會導致人為的資源與財富再分配。

市場經濟會調整產出與就業，使其達到最佳，而不需要貨幣政策過多干預。不當的貨幣政策，導致貨幣供給不能適應貨幣需求，嚴重干擾了實質經濟的正常發展，二〇〇八年的全球金融危機，不當的貨幣政策難辭其咎。若不考慮貨幣政策以外的因素，負利率目標制將形成最佳貨幣供給。在最佳貨幣供給的狀態下，貨幣不影響產品市場供需，貨幣的存在僅僅作為衡量尺度，產品市場如同在不使用貨幣狀態下沿著自身軌道運行，人們充分感受到貨幣所帶來交易摩擦成本降低的便利，而不會感受到貨幣帶來的混亂。

寫作本書的目的，顯然不在於否定前人的理論成就與銀行當局的辛勤工作，創新必然存在風險，沒有前人的勇於進取，就沒有後人的發展進步，全球經濟發展與全人類福祉增進才是筆者心之所向，相信也是所有貨幣政策研究者與執行者所期盼。

本書不僅適用於貨幣經濟學家、中央銀行家與其他貨幣政策研究、制定、執行者，同樣適用於企業融資者、金融市場投資者、經濟學的學者與學生，以及關心世界貨幣政策發展、關注自身財富保值增值的人們。希望更多有識之士關注本書的理論，共同推動世界貨幣政策的發展。

劉華峰

第一章　負利率的本質

蝸蟻、蜜蜂、松鼠如何儲存食物？

並非只有人類文明會儲存貨物，而是物種為了生存繁衍而演化的本能，如螞蟻、蜜蜂、松鼠……無數動物都會儲存食物，以適應季節變化與自然災害。

人類的儲蓄行為與很多動物類似，父母養老、子女就學、醫療支付……人類在自身有勞動能力的時候供養自己及家人，為自己日漸老去、逐漸失去勞動能力做準備。

為了儲存貨物，會產生大量的工作，就像螞蟻、松鼠、蜜蜂等動物儲存食物，需要搭建更大的巢穴或挖出更大的洞穴，以保證食物能安全存放；有時也需要將食物從遙遠的地方搬回巢穴，並適當防守，避免被侵略者盜取或毀壞。然而，食物儲存久了也可能腐爛變質，無法食用，一場意外的洪水或龍捲風，也可能將辛苦儲存的食物毀於一旦。

人類儲存貨物同樣複雜，為了儲存貨物，我們經常需要將貨物從一個地點轉移到另一個地點，同時，我們需要建設儲存場所、購置儲存設備，提供適宜的儲存環境。搬運、擺放、監管是家常便飯，儘管如此，存放的貨物也難免損壞變質，部分貨物還會隨著技術進步而喪失稀少性，甚至成為廢品。總之，儲存貨物需要付出一定的儲存成本，而人類要承擔儲存貨物的減值損失，以及儲備過程中的保管費用。

當然，存貨的保管不全是費用，也有可能產生孳息，比如樹上長果實、雌性動物繁衍後代等，但對於全社會的存貨而言，儲存孳息常常彌補不了儲存費用。如未特別說明，本書所討論的儲存成本，指儲存費用扣除儲存孳息後的淨成本。不過需要注意的是，這裡說的是儲存，而不是生產。

由於實質經濟的真實變量隨時間而波動，受實質經濟環境諸多因素的影響，儲存成本率同樣隨時間而波動。歷史儲存成本率的具體數值，可以從實質經濟中大致計算得出，在沒有異常重大衝擊的情況下，儲存成本率的波動幅度通常不大，且儲存成本率通常處於一個較低的水準；而戰爭、自然災害等異常衝擊到來時，存貨毀損會大大提高，儲存成本率也就大幅上升。

◇◇◇◇◇◇◇◇◇◇◇◇◇◇◇人類如何保管現金？

貨幣產生於人類文明，因勞動分工與商品交換的需求，貨幣在所有文明國家中變成了普遍的交易媒介。由於使用貨幣，對多數人而言，儲存意味著儲存現金而非實物，但實際上，儲存現金是儲存現金所對應的實物，只不過這些實物不是由儲存現金的人保管而已，這一點將在以後章節討論，本節我們僅談現金的保管。

你需要一個安全的地方存放積蓄，你當然不會讓辛苦勞動取得的收入付之一炬。動物會將要儲存的食物放在窩裡，或其他牠們認為相對安全的地方。你也可以將現金放在房子裡，但通常不會這麼做，因為你會怕小偷、怕被蟲咬、怕自然腐蝕……種種焦慮會讓你夜不能寐。

倘若有一家機構，承諾100%保證現金的安全，那麼這家機構必然收取一定的保管費用，以支付保管所需的人力、場地、機器等成本費用，以及承擔可能發生的保管損失，除此以外別無他法。如果這是一家銀行或投資機構，透過投資收益或貸款利息收入來彌補保管成本，那這家機構就不可能100%保證返還現金，因為投資與貸款均存在一定的風險。

很多時候，儲存現金並非是真正地保管現金，而是儲存現金持有人的相關資訊，這通常比真實的現金保管成本要低得多，而當金額夠大、又沒有異常重大的衝擊的情況下，保管費用率近趨於零。至於保管費用具體是多少，各國央行基本上都可以準確地核算。顯然，現金保管不同於實物保管，不會產生孳息，因此保管淨成本始終大於零。

綜上，保管現金會產生保管費用，需要支付保管所需的人力、場地、機器等成本費用，以及承擔可能發生的保管損失。

負利率的內在邏輯

前文已經說過，要降低自行持有現金與將現金交付機構保管的區別，倘若貨幣儲存者不承擔保管風險，就必須向貨幣保管者支付保管費用。因此，合理的無風險名目存款利率應為負值，用以彌補現金的保管成本，即無風險名目利息，應相當於貨幣保管者向貨幣儲存者收取的保管費用。這是貨幣儲存者應承擔的費用，而不是可以獲得的收入，因此存款利率是負值。

現代信用貨幣本身並沒有特別的價值，人們持有貨幣，僅僅是因為可以購買到想要的貨物，儲存貨幣，實際上是儲存貨幣所對應的實物。儲存貨物需要付出儲存成本，承擔儲存貨物的減值損失以及儲備過程中的保管費用。儲存孳息通常不足以彌補儲存費用，使儲存淨成本通常為正，因此，要降低儲存貨幣與儲存實物的差異，無風險實質利率應為負，以彌補貨物的儲存成本。由於貨物的儲存成本通常大於現金保管成本，因此，無風險實質利率負值的幅度，通常應大於無風險名目利率負值的幅度，或者說實質利率通常應低於名目利率，即通常應為通膨而不是通縮。美國和日本在實施穩定趨於零的無風險名目存款利率後，其無風險實質利率圍繞著零波動，處於負區間的時間更多。不合理的名目利率，可能會產生不合理的實質利率，這在後文再詳述，財政政策等非貨幣政策因素，也可能產生不合理的利率，但這不是本書重點。本書重點考慮貨幣政策可以控制的因素，假定其他政策在正常合理的情況下，貨幣政策所能達到的最佳狀態。

本書將貨幣政策充分擔保的貨幣政策利率工具（為敘述方便，本書簡稱為貨幣政策利率）作為無風險利率，也將國家信用保證的國債利率等視為無風險利率。一方面，政府的債務的危機通常是靠通貨膨脹解除，而非透過名目本金的違約，因此，名目本金可視為無風險；另一方面，對於國民而言，倘若需要尋找一名無風險的保管者，該國政府恐怕是最值得信賴的選擇，無論最終的結果是否真的無風險。

貨幣政策能控制無風險利率，風險利率受經濟風險大小與風險偏好的影響，並非貨幣政策所能完全控制。貨幣政策只能控制名目利率，實質利率受經濟儲存成本的影響，並非貨幣政策所能完全控制。實質利率受名目利率與通貨膨脹率兩方面的影響，因此，通貨膨脹率受到經濟儲存成本的影響，並非貨幣政策所能完全控制。歷史經驗表明，在實施通貨膨脹目標制時，儘管取得了很多成功，但也存在眾多懸而未決的問題，貨幣政策很難準確達到通貨膨脹目標，這將在後文討論。

傳統經濟學甚少研究無風險利率的內在邏輯，而側重於實質經濟中的市場風險利率，對貨幣政策和利率的關係認識不清，誇大或貶低了貨幣政策的影響。本書主要研究貨幣政策能控制的無風險利率，分別討論無風險利率與風險利率的內在邏輯。

【重要結論】

要降低自行持有現金與將現金交付機構保管的區別，倘若貨幣儲存者不承擔保管風險，就必須向貨幣保管者支付保管費用。因此，無風險存款的名目利率應為負值，以彌補現金的保管成本。

儲存貨物需要付出儲存成本，承擔儲存貨物的減值損失以及儲備過程中的保管費用，要降低儲存貨幣與儲存實物的差異，無風險存款的實質利率應為負值，以彌補貨物的儲存成本。

貨幣當局只能控制無風險名目利率，不能控制實質利率，建議貨幣政策實施「負利率目標制」，以彌補現金管理成本的負利率為貨幣政策操作利率。在「負利率目標制」環境下，通貨膨脹會自動調整，使實質利率大約能彌補存貨的儲存成本率。

負利率目標制的定義

負利率目標制是筆者提出的一種新理論，在此歸納性的定義：負利率目標制，是一種基於現金管理成本與存貨儲存成本，所提出的貨幣政策理論和操作規則，以彌補現金保管成本的負利率為目標，無風險名目利率。在負利率目標制的環境下，貨幣當局以在零利率基礎上，扣除貨幣儲存管理成本率的負利率，作為目標無風險存款的名目利率，吸收市場資金。在獲得全額擔保的情況下，在零利率基礎上加上貨幣供給手續費成本率的正利率，作為目標無風險貸款名目利率，提供市場資金。不考慮貨幣政策以外的因素，在負利率目標制的環境下，通貨膨脹率會自動調整，使實質利率可以彌補存貨儲存成本率，由於存貨儲存淨成本通常大於零，因而實質利率通常為負。

為論述及讀者理解方便，如未特別說明，本書討論的負利率目標，指貨幣當局吸收市場存款的無風險存款利率目標。對於負利率目標制，可以將貨幣當局理解為貨幣市場創造者，設定市場貨幣的買入與賣出價格。貨幣當局對貨幣的賣出價格，應高於買入價格，以獲取其中的價差收益，以彌補貨幣管理成本。負利率相當於，貨幣當局買入貨幣的價格低於面額，當局並非無限量賣出貨幣，對賣出的貨幣需要取得全額擔保，且賣出的貨幣要高於面額。以彌補現金保管成本的負利率為目標的無風險名目存款利率的內在邏輯如下：由於保管現金會產生保管費用，需要支付保管所需的人力、場地、機器等成本，以及可能的保管損失，要降低自行持有現金與將現金交付機構保管的區別，倘若貨幣儲存者不承擔保管風險，就必須向貨幣保管者支付保管費用，因此，無風險名目利率應為負值，以彌補現金的保管成本。

負利率目標制下另一個重要的指標，是無風險實質利率，但貨幣政策只能操作無風險名目利率，而無風險實質利率僅為經濟環境的觀察指標，藉以分析影響存貨儲存成本等各項因素。目標無風險實質利率，通常能彌補存貨儲存成本的負利率，以彌補存貨儲存成本的負利率為目標，無風險實質利率的內在邏輯如下：由於儲存貨物需要付出一定的儲存成本，承擔儲存貨物的減值損失以及儲備過程中的保管費用，因此，不考慮貨幣政策無法控制的因素，目標無風險名目利率下的無風險實質利率，可以彌補存貨管理成本的負利率，即設定無風險名目利率為最佳利率。通貨膨脹會自動調整，使貨幣貶值的幅度約等於存貨儲存成本高於現金管理成本的部分，從而降低持有貨幣與持有實物的差異。當然，儲存也可能產生孳息，但由於存貨儲存的費用通常大於儲存孳息，即儲存淨成本通常大於零，因此，目標無風險實質利率通常為負利率，而非正利率。

【重要結論】

負利率目標制，是一種以彌補現金保管成本的負利率，作為目標無風險名目利率的貨幣政策理論和操作規則。在負利率目標制的環境中，貨幣當局以在零利率基礎上扣除貨幣儲存管理成本率的負利率，作為目標無風險存款名目利率，吸收市場資金，在獲得全額擔保的情況下，以在零利率基礎上加上貨幣供給手續費成本率的正利率，作為目標無風險貸款名目利率，提供市場資金。不考慮貨幣政策以外的因素，在負利率目標制的環境下，通貨膨脹會自動調整，使實質利率約能彌補存貨儲存成本，由於存貨儲存淨成本通常大於零，因而實質利率通常為負。

第二章　何謂合理的負利率？

無風險儲蓄的利率，名目上應該是多少？

保管現金需要付出成本，承擔現金保管期間的人力、設備、場地、毀損等費用，無風險名目利率如果合理，應保證自己持有現金約等同於將現金存放在保管機構，因此，最佳的無風險名目存款利率應為負值，以彌補現金的保管成本。

過高的無風險名目存款利率，使現金儲存者不僅不用承擔保管成本，還可以從經濟活動中獲取一部分利潤，這顯然是不公平的財富再分配；不過，過低的無風險名目存款利率顯然也不可行。過低的無風險名目存款利率，相當於貨幣當局收取了過高的現金管理費用或儲存成本，同樣不公平，公眾將更願意直接持有貨幣或尋求第三方保管，從而使過低的無風險名目存款利率難以繼續執行。

前文說過，最佳的無風險名目存款利率應為負值，以彌補現金的保管成本，顯然，這裡的負的無風險名目利率，是貨幣當局作為保管機構向市場接收貨幣的利率。然而，貨幣當局作為貨幣的供給機構，對貨幣的管理是雙向的，即貨幣當局接收市場提交保管的貨幣，也向市場出借貨幣。

當貨幣當局向市場出借貨幣時，貨幣當局要承擔貨幣加印、存放、出借手續等費用，且由於出借的為無風險貨幣，出借時要求提供100％擔保，貨幣當局還需要管理擔保物，因此，要彌補貨幣當局出借貨幣的保管成本，出借貨幣的利率應為正值，以彌補出借貨幣的保管成本（加印、存放、出借手續等費用）。因此，關於最佳的無風險名目利率的完整闡述如下：無風險名目利率如果合理，應保證自己持有現金約等同於存放在保管機構，因此，最佳的無風險名目存款利率應為負值，以彌補存入現金的保管成本；最佳的無風險名目貸款利率應為正值，以彌補貸出現金的保管成本。為讀者閱讀方便，後文不再贅述，如未特別說明，本書討論的無風險利率，均指市場能從貨幣當局取得的無風險存款利率。

無風險儲蓄的利率，實際上應該是多少？

保管貨物需要付出成本，承擔貨物保管期間的人力、設備、場地、毀損、變質等費用。最佳的無風險實質利率如果合理，應保證持有現金約等同於持有實物，因此，最佳的無風險實質利率應為負值，以彌補貨物的保管成本。

最初始的儲存目的，是應對未來可能發生的危機，例如國家儲備資源、糧食等物資，目的並不是出借儲存貨物以賺取報酬，因為即使出借儲存貨物沒有任何報酬，仍然會有儲存行為，這與前面說過的蜜蜂、螞蟻、松鼠等動物的儲存行為根本上上相同。

人們儲存現金，實際是儲存現金所能購買到的所有實物。現金的保管成本以名目利率來彌補，實物的儲存成本則需要實質利率來彌補，即貨幣適當貶值，使貶值幅度大約相當於實物儲存成本與現金保管成本的差額，最終使儲存貨幣與儲存實物一致，在全社會形成相對公平的分配。當現金保管成本趨於零時，貨幣的貶值幅度大約能彌補實物的儲存成本，而異常重大的衝擊可能會使實質利率與儲存成本率偏離，但本書主要討論的是正常經濟環境下，實質利率彌補儲存成本率。儘管從長期來看，通貨膨脹率會調整，使實質利率可以彌補儲存成本率，但從短期來看，不正常的名目利率也可能產生不正常的實際利率。

比較少見的是，儲存孳息大於儲存費用，導致儲存淨成本為負，例如雌性動物在儲存過程中繁衍等。由於貨物的保管成本通常大於現金的保管成本，因此，通常無風險實質利率小於無風險名目利率，即負值的幅度更大。只有在少數狀況下，保管貨物產生的孳息大於保管費用（即保管淨成本為負時），無風險實質利率才會大於無風險名目利率，即在最佳的無風險名目利率環境下，出現通貨緊縮的情況。當然，在最佳的無風險名目利率環境下，並非每時每刻通膨的上升，都正好能彌補儲存成本。由於市場價格圍繞自然價格波動，偶爾會偏離，尤其在重大衝擊時，市場價格可能來不及調整，即雖然保管淨成本為正，當我們使用名目利率與通貨膨脹率計算的實質利率波動到貨物保管成本率以下時，也可能出現無風險實質利率，大於無風險名目利率的情況，但這與「無風險實質利率彌補貨物儲存成本」的邏輯並不矛盾，且貨幣當局無法決定市場價格的波動，也無法控制貨幣政策以外的重大衝擊。

貨物的儲存成本由市場決定，而非貨幣當局，因此，貨幣當局不能決定無風險實質利率與通貨膨脹率，只能決定無風險名目利率，但無風險名目利率會影響通膨率，後文再對此詳細討論。

為和習慣上的說法一致，如未特別說明，本書討論的利率是名目利率而非實質利率，實質利率包括了名目利率（即現金保管成本）和通貨膨脹率（即物價上漲或貨幣相對實物貶值）兩方面的影響。

有風險儲蓄的利率應該是多少？

除無風險利率不承擔本息違約的風險之外，其他資金出借均需要承擔一定的風險。貨幣當局依靠貨幣政策工具，參與的應是無風險市場，因而僅控制無風險利率，是無法控制由市場決定的風險溢價。不考慮貨幣政策以外的因素，貨幣當局設定，無風險名目儲蓄利率為了能彌補儲蓄管理成本微低於零的水準，市場會自動調節風險溢價，使風險利率達到最佳，而最佳的風險利率會自動調節資金的供需，使其達到最佳分配。

資金的供需，實際上是對資金所能購買到的資本的供需，因此利率與資本的利潤率、資產的租金率相關。資本的供需由實質經濟決定，並非貨幣當局可以控制，因此，實質經濟中的利率也非貨幣政策所能控制。

約翰．梅納德．凱因斯在《就業、利息與貨幣的一般理論》中指出：「在任何一個時期內，假如某種類型的資本投資增加，則該類資本的邊際效用將隨著投資的增加而減少。其中一部分原因是因為，當該類資本的供給增加時，預期收益將下降；另一部分原因是，當該類資產的產量提高時，其生產設備承受的壓力很大，因而供給價格會提高……投資量會增加到投資曲線上的一點，在該點上一般的資本邊際效率等於現行市場利率……就我自己而言，我很懷疑用貨幣政策控制利率的有效程度。」

威廉．配第在《賦稅論》中指出：「關於利息，在安全、沒有問題的情況下，它至少應該等同於，用借到的錢所能買到的土地所生產的地租；但在無法保證安全的情況下，除了單純的自然利息之外，還必須加上一種保險費，這時，利息就會很自然地被提高到低於本金的某個高度。無論何時何地，都完全沒有理由限制利息，因為這違背世俗習慣，除非制定這項法律的是貸款人而不是放貸人。但是，制定違反自然法則的民事法律，也不會有任何結果。」

貨幣代表對應的貨物，貨幣借貸代表所能購買到資本貨物的借貸。因此，貨幣的利率離不開實質經濟本身的真實變量，貨幣當局無法決定實質經濟中的資本邊際效率，也無法控制市場風險利率，但貨幣當局完全可以決定在接收、供給貨幣時，所採用的無風險名目利率。市場會在無風險名目利率上增加一個風險溢價，以彌補本息無法支付的風險，並透過自動調整的溢價水準，實現資金供需的最佳分配。

◇◇◇◇◇◇◇◇◇◇◇◇◇◇◇◇◇◇◇◇◇ 不合理的利率會有哪些影響？

假定貨幣政策使用的不是最佳無風險利率，無風險名目利率為大於零的某個正值，這就意味著，現金保管者不僅不能收取保管費用，還要支付一部分利息費用。假定現金保管費與利息費由政府支付，事實上我們也通常將貨幣政策利率與國債利率視為無風險利率，由於政府本身不是生產機構，只能向民眾徵收承擔的保管費用與支出的利息費用，而不承擔風險的現金儲存者不僅不承擔保管費用，還會從經濟活動中獲取一部分利潤，本身就是一種不平等的收入再分配，而無風險名目利率越高，這種不平等分配越嚴重。

除了過高的貨幣操作利率、過度的財政融資利率等所導致的正無風險名目利率之外，政府對某些風險債權的隱性擔保，也類似於提高無風險利率，如此，不承擔風險的被擔保者卻能獲取高額利息。因此，隱性擔保同樣將造成不平等的收入再分配，由於政府本身不是生產機構，只能向民眾徵收隱性擔保支出的資金，這種擾亂公平市場秩序的行為，會導致投機傾向上升、生產傾向下滑，不勞而獲者能夠獲得不應有的報酬，勞動者卻承擔不應承擔的損失。

假定風險水準與風險溢價不變，提高無風險名目利率，必然導致提高風險名目利率，此時不承擔風險、不提供勞動的人都能取得利潤，所以承擔風險的資金提供者會要求取得更高的利潤，這將會大大惡化企業和勞動者的生存環境，降低生產者的生產積極性。

此外，抽走的利潤越多，能用於生產的資金就越少，生產因此會受到沉重的打擊，產出過少的貨物，而過少的貨物又會導致通膨加劇，只有降低實質利率，才能彌補生產者的成本。

事實上，生產者承擔的成本必然要轉嫁到消費者身上，否則就無法持續生產；至於生產者是否有轉嫁給消費者的能力，就不必抱持懷疑，因為沒有轉嫁能力的生產者會因承擔不起高成本，要嘛被淘汰、要嘛停產或減產，直至產品減少到生產者有能力轉嫁為止。大衛．李嘉圖在《政治經濟學及賦稅原理》一書中指出：「除了某些獨占商品因稀少性而導致價格變化，決定最終商品價格的是生產成本，而不像人們常說的『商品價格最終是由供需比例來決定』。誠然，如果商品的供給未按需求的多寡而增減，那麼供需比例可以暫時影響商品的市場價格，但這種影響只是暫時的。」薩伊在《政治經濟學原理》一書中指出：「我們已經看到，生產成本決定商品所能跌落的最低價格，任何低於這一基準的價格只是曇花一現，因為在這種情況下，生產或者完全停止，或者減少。」因此，假定我們在經濟活動中使用的不是最佳利率，無風險名目利率為大於零的某個正值，資金使用者不得不承擔高於最佳利率的資金成本，倘若生產者無力承擔過高的成本，必然透過提高價格的方式轉嫁給消費者。因此，倘若經濟活動中，沒有足夠的利潤可供不承擔風險的資金儲存者抽取，高名目利率必然以高通膨的形式，將成本轉嫁到消費者身上，以此降低實質利率，以彌補生產者過高的資金成本，一九七〇年代的美國即是如此，而常年處於高無風險名目利率的俄羅斯，無風險實質利率長期為負。

亞當斯密在《國富論》中指出：「當公債提高到一定程度時，我確信，它很少能公平公正地完全償還。國家收入上的負擔，如果曾經解除，也總是透過破產解除，有時是透過坦白承認破產，但通常是透過實際上的破產，儘管多是虛假的還款。提高貨幣的名目價值，是公債最常用的伎倆，即藉償還之名，行破產之實……無論古今，當別無他路時，所有國家往往會採取這一欺瞞下策……我確信，所有國家鑄幣的價值都透過這種方法，使其越來越低於原來價值，同一名目金額都透過這種方法，使其含銀量越來越低。」顯然，當一國的利潤率承擔不起過高的名目利率時，高通膨就成了必然的結果。

即使無風險名目利率達到最佳，非公平正義的社會環境，依然會使市場風險利率無法達到最佳。亞當斯密在《國富論》中指出：「一國法律上的缺陷，有時其利率會高到大大超過它的貧富狀況所需。其法律如果不強制人們履行契約，那就使一切債務人和法律修明中破產者或信用不佳者相差不遠。債權人收回借款的不確定性，使他在破產者借款時常需要索取極高的利息。最低的普通利潤率，除了足夠補償投資的意外損失之外，還須有剩餘，而只有這一剩餘才是淨利潤。一般所說總利潤，除了包括這種剩餘以外，還包含為補償意外損失而保留的部分。債務人所能支付的利息，只與純利潤成比例。即使相當謹慎出借資金，亦有受意外損失的可能，所以最低的普通利率和最低的普通利潤率一樣，除了補償貸借容易遇到的損失外，還須有剩餘。」倘若無法維護公平正義，資金出借者無法判斷債務人歸還借款的信用程度，如此，具有良好信用的人，就不得不支付與違背信用的人同等的高風險溢價，導致生產減少與通膨加劇。

【重要結論】

不承擔風險的現金儲存者，不僅不承擔保管費用，還能從經濟活動中獲取一部分利潤，本身就是一種不平等的收入再分配。假定風險水準與風險溢價不變，提高無風險利率，必然也會提高風險利率。不承擔風險、不提供勞動的人卻能取得利潤，承擔風險的資金提供者就會要求取得更高的利潤，這將會大大惡化企業和勞動者的生存環境，降低生產者的生產積極性。

若生產者無力承擔過高的成本，必然透過提高價格的方式，將成本轉嫁給消費者。因此，倘若沒有足夠的利潤，可供不承擔風險的資金儲存者抽取，高名目利率必然以高通膨的形式，將成本轉嫁到消費者身上，只有降低實質利率，才能彌補生產者過高的資金成本。

即使無風險名目利率達到最佳，非公平正義的社會環境，依然會使市場風險利率無法達到最佳。資金出借者無法判斷債務人歸還借款的信用程度，如此，具有良好信用的人，就不得不支付與違背信用的人同等的高風險溢價，導致生產減少與通膨加劇。

綜上，非最佳利率會使資源無法最佳分配，非最佳的資源分配又會使經濟結構失衡，進而提高產能、產品的過剩損失及勞力的失業損失。

第三章　何謂合理的通貨膨脹？

◇◇◇◇◇◇◇◇◇◇◇◇◇◇◇◇◇◇◇◇◇ 什麼樣的價格才合理？

名目價格，是以貨幣表示的實物價格，名目價格如果合理，持有貨幣與持有貨物之間應差異甚小。前文已經說過，儲存會產生費用與損失，因此，要降低持有貨幣與持有貨物之間的差異，就需要抬升實物的名目價格，以保證實質利率可以彌補儲存成本，而此時的價格即為最佳的名目價格。

在沒有異常重大衝擊的情況下，儲存成本往往可被預見，儘管會因為儲存場地、機器、人力等成本的不同而相異，但剔除季節性因素，通常相鄰兩期的變化幅度不大，最佳價格的波動幅度也不會太大。由於在沒有異常重大衝擊的情況下，儲存成本率通常處於稍微高於零的水準，因此，當現金管理成本趨於零時，合理名目價格的上升幅度或通貨膨脹率，通常稍微高於零。通貨膨脹目標制的成功經驗表明，合理的通貨膨脹率通常小幅為正，後續章節將詳細闡述。

在有異常重大衝擊的情況下，例如戰爭與自然災害等，由於儲存貨物毀損嚴重，儲存成本也較大，因此，我們可以看到戰後各國廣泛面對的是通貨膨脹，而不是通貨緊縮。不當的貨幣與財政政策、金融監管等，對經濟的影響類似於戰爭、自然災害，儘管其造成的經濟損失較難觀察，但同樣是實質經濟中的非正常損失，屬於本書所述的異常衝擊。儘管準確核算貨物儲存成本，相對於核算現金保管成本要難很多，因為這不僅僅需要中央銀行核算，還需要實質經濟中各個企業參與核算，但大致還是可以核算出，有異常重大的衝擊時，其變化幅度通常不大。

當然，市場價格相對自然價格常有偏離。亞當斯密在《國富論》中指出：

「不論是誰，只要收入來自自己的資源，也就一定來自他的勞動、資本或土地。商品價格的組成部分可概括為地租、勞動薪水、資本利潤，無論在什麼社會，商品價格都能分解為這三個部分或其中之一……當所有商品的價格，恰好足夠支付生產、製造這種商品，以及其送入市場後所使用的土地地租、勞動薪水和資本利潤時（根據它們的自然比率），這種商品就可以說是按其所謂的自然價格或價值出售。自然比率是一般或平均的比率，可以被稱為在當地通行的薪水、利潤和地租的自然率……市場上的商品量一旦超過它的有效需求，它的價格的某些組成必定會降到自然率以下。如果下降部分為地租，地主的利益受到損害，就會立刻促使他們撤回一部分土地；如果下降部分為薪水或利潤，勞動者或雇主的利害關係，也會促使他們撤回一部分勞動或資本。於是，市場上的商品量不久就會恰好足夠供應它的有效需求，價格中一切組成不久就都升到它們的自然水準，而全部價格又與自然價格一致，反之同樣成立。因此，自然價格和以往一樣是中心價格，所有商品的價格都持續不斷地向它靠攏。各種偶然事件，有時使它們停留在中心價格之上，有時又迫使它們下降，甚至是略低於其中心價格。但是，不管有什麼障礙阻止它們固定在這個靜止和持續的中心價格，它們總是趨向於這個中心價格。」

同理，通貨膨脹率並不始終能使實質利率正好彌補儲存成本率，而是在彌補儲存成本率的範圍上下波動，除重大衝擊期間市場來不及調整，導致儲存貨幣與儲存實物重大偏離，人們通常會在儲存貨幣與儲存實物之間選擇，使儲存貨幣與儲存實物從長期來看差異甚小。各國名目利率雖相差懸殊，實質利率卻相差不大，從歷史數據看，通常圍繞零小幅波動。以美國為例，除重大貨幣政策轉變時期的一九七〇年代與一九八〇年代，實質利率有異常波動，其他時期的波動則小得多。

如果不考慮貨幣因素，物物交換，產品的供需完全由市場決定，市場機制會自動調節，使產品間的相對勞動量決定相對價格，使供給的產品數量適應需求數量。儘管隨著技術進步等因素，不同物品的相對勞動量有所改變，而引起實際價格即相對價格的改變，但這種改變合理漸進，且可預期。

為了交換與儲存的方便，引入了貨幣（這裡主要指信用貨幣）以衡量貨物的名目價格，如果貨幣的供給不能像市場上其他產品的供給一樣，根據需求及時調整，而發生不合理、非漸進、不可預期的調整，必然干擾名目價格定價規則的公平公正性與實質經濟的市場秩序。如果儲存物品的價格大幅波動，就會重新分配持有貨幣與持有實物者之間的財富。如果相對彌補儲存成本的正常價格，名目價格大幅下行，則對持有實物的人不利；反之，如果大幅上行，則對持有貨幣的人不利。這種財富再分配使資源重新分配、打亂供需結構，顯然會造成全社會混亂，同時每個人都要花費時間成本考慮持有實物還是持有貨幣的問題，無法專注於生產性勞動，大大降低生產效率。

因此，最佳的名目價格需要上升，以彌補儲存成本，降低持有貨幣與持有貨物之間的差異。忽略現金管理成本，不考慮異常衝擊的影響，由於儲存成本率通常稍微高於零，最佳價格通常以稍微高於零的速度成長，以彌補儲存成本。不過，由於實質經濟的真實變量隨時間波動，儲存成本率也隨之波動，即使不考慮市場價格圍繞自然價格波動的因素，最佳價格也是波動的。

最佳價格提供公平的市場環境，將對實質經濟的干擾降到最低，有利於提高經濟運行的效率，降低結構失衡的損失。顯然，名目價格由市場決定，並非貨幣當局可以控制，貨幣當局所能做的，是將貨幣供給對名目價格的不當干擾降到最低。

【重要結論】

儲存會產生費用與損失，要降低持有貨幣與持有貨物之間的差異，需要抬升實物的名目價格，以彌補部分儲存成本，即最佳的名目價格，是持有貨幣與持有貨物之間差異甚小的價格。

市場價格通常圍繞自然價格上下波動，因此，通貨膨脹率的變化，並不保證實質利率可以彌補儲存成本率，而是在能彌補儲存成本率的範圍內上下波動。

◇合理利率與合理價格之間有什麼關係？

本書已闡述過，最佳的名目價格需要上升以彌補儲存成本，降低持有貨幣與持有貨物之間的差異，但名目價格由市場決定，並非貨幣當局可以控制，貨幣當局所能做的，是將貨幣供給對名目價格的不當干擾降到最低。那麼，貨幣當局是如何影響名目價格？要回答這一問題，首先要分析價格的決定因素。

除了因稀少性或獨占等因素，導致供給不能及時根據需求調整產品，成本是決定價格的最終因素。需求上升時，供給會相應增加；需求下降時，供給會相應減少，而名目價格則圍繞成本波動。名目利率的提升，會連帶提升名目資金成本等，因而提升產品的名目價格。

若不考慮影響價格的其他因素，僅僅考慮貨幣政策所能影響的部分，貨幣政策能控制的，是貨幣供給時的無風險名目利率，以影響價格。若不考慮影響價格的其他因素，在最佳利率環境下價格將達到最佳，或者說貨幣政策透過控制貨幣供給的無風險名目利率，達到最佳價格。不過，貨幣政策能控制的只有貨幣供給活動的無風險名目利率，市場名目利率則否。

本書已經闡述過，最佳的無風險名目利率，是能彌補現金管理成本微低於零的利率，在該利率下，價格將達到最佳。如果貨幣政策使用的不是最佳利率，若提高名目利率，必然也提高名目價格。因為生產者無力承擔過高的成本，必然透過提高價格的方式，將過高的名目利率轉嫁給消費者。因此，倘若沒有足夠的利潤，供不承擔風險的資金儲存者抽取，高名目利率必然以高通膨的形式，將成本轉嫁到消費者身上，只有降低實質利率，才能彌補生產者過高的資金成本。

正因為提高名目利率會提高通膨，歷史上加息抗通膨後，往往在短期內會帶來更嚴重的通膨，遠不是我們所想像「加息能減少貨幣供給，而降低通膨」；相反，成功實現低通膨的各國，無一不是透過加息，而是透過降息實現，在低利率環境下維持了較低的通膨水準。後文我們會詳細分析加息抗通膨失敗的原因與案例。

本書已多次闡述，儲存貨物需要多付出一些勞動，且需要承擔儲存貨物的減值損失以及儲備過程中的保管費用，即為了儲存，需要支付一定的倉儲設備、人力、發生毀損等產生的費用（僅少部分儲存會產生一定的孳息）。因此長期來看，無風險活期儲蓄的實質利率應為負值，負利率為貨物儲存成本率。同樣，自己保管現金與將現金存放在保管機構應差異甚小，而存放在保管機構需要付出一定的管理成本，長期來看，最佳的活期無風險名目利率略低於零，負值為保管現金的成本。儲存貨幣實際上是儲存貨幣對應的實物，儲存貨幣與儲存實物應差異甚小。因此，儲存貨幣的名目本金扣除現金保管成本，應可以購買到扣除存貨儲存成本後的儲存貨物，即名目利率彌補現金管理成本，實質利率彌補存貨儲存成本，差異因素為通貨膨脹率。

根據上述分析中的負實質利率、儲存成本率、通貨膨脹率三者的對應關係，筆者在此總結如下：假定沒有非正常衝擊，在設定名目利率為零或彌補現金管理成本略低於零的情況下，通貨膨脹率會自動調整，使貨幣相對實物價值下降的損失，約等於存貨儲存成本。反過來說，在實施通貨膨脹目標制，維持低通貨膨脹率彌補貨物儲存成本的環境下，無風險名目利率必然下降到零，或彌補現金管理成本的略低於零附近。儘管在本書提出基於儲存成本的負利率目標制之前，以低利率實現低通膨缺乏相應的理論支持，但在長期的貨幣政策操作中已得到證實，如成功實現低通貨膨脹的美國、英國、日本等國，在長期的貨幣政策操作後，無風險名目利率已經下降到零或略低於零的水準，後文我們會在闡述通貨膨脹目標制時進一步說明。

【重要結論】

貨幣當局能控制無風險名目利率，提高利率將提升組成商品價格的名目資金成本，連帶將提升名目價格。不考慮影響價格貨幣政策以外的因素，貨幣當局透過實現最佳的無風險名目利率，以達到最佳價格。

假定沒有非正常衝擊，在設定無風險名目利率為零，或可以彌補現金管理成本的略低於零的負利率時，通貨膨脹率會自動調整，使貨幣相對實物價值下降的損失，約等於扣除貨物儲存孳息後的儲存成本；反之，在實施通貨膨脹目標制，維持低通貨膨脹率彌補貨物儲存成本的環境下，無風險名目利率必然下降到零，或能彌補現金管理成本的略低於零的負利率附近。

貨幣政策的「物價穩定」目標有問題嗎？

貨幣作為商品名目價格的衡量尺度，應保證這個尺度穩定不會經常變化，就像昨天的一千克今天不會變成五百克，昨天的一公尺今天不會變成一公分。然而，貨幣作為商品名目價格的衡量尺度，與長度、重量等度量衡的差別，在於其他度量衡是靜態，而貨幣度量衡是動態。貨幣投入經濟循環中影響價格是個複雜的過程，這使得在提出負利率目標制之前，始終無法找到令人信服的邏輯，說明合理的價格究竟是多少？儘管人們逐漸意識到名目價格應當穩定，但何為價格穩定始終沒有定論。穩定的名目價格是否是不變的名目價格？如果是變化的名目價格，變化率該是多少？對於這些問題，貨幣政策的物價穩定目標並不能給出滿意的答覆。從組成商品價格的三個組成部分（土地、勞力、資本），也無法得出何為合理的價格變化。即便實施通貨膨脹目標制，也只是在實踐中得出經驗數值，對於何為合理的通貨膨脹率缺乏理論解釋，而對於為何會得出這樣的經驗數值，依然存在著眾多爭議，至於如何達到通貨膨脹目標，也經歷了長期的摸索過程。

理論上，如果現金的保管成本與實物的儲存成本一致，等量貨幣現在能換得的貨物，與在未來能換得的貨物應該一致，即現金與實物以同樣的速度減少；不過，由於貨物的保管較現金更難，比如貨物容易受到自然環境的腐蝕，食品容易腐爛變質，玻璃製品容易破碎毀損等，因此，貨物的保管成本較現金的保管成本更高。也就是說，即使你的存款不變，隨著時間流逝，這些存款能換得的貨物也會越來越少，即貨幣貶值，或者說通貨膨脹率通常大於零。你持有的現金，實際上相當於這些現金所能買到的所有貨物，你今天持有的貨幣能換回一千克貨物，由於在保存過程中支付保管費用和損失，產生超過現金的保管成本，所以未來即使你持有同樣數量的貨幣，卻只能換回少於一千克的貨物了，這種貨幣相對實物貶值的過程，我們稱為通貨膨脹。有一種導致通貨膨脹率上升的因素，就是中央銀行加印貨幣，以非公正的方式進入市場流通，參與存貨分配。對於這種情況，我們同樣視為儲存成本，即被以非公正方式獲得的貨幣消費掉的存貨，相當於對盜取存貨，類似於天災人禍中的毀損，是一種非正常衝擊的毀損。

在《通貨膨脹目標制：國際經驗》一書中，分析究竟何為價格穩定、通貨膨脹目標具體是多少較為合理、為什麼實踐經驗表明1%～3%的通膨目標更利於經濟發展等，但依然缺乏有信服力的論證，比如「任何通貨膨脹目標制的一個關鍵要素是，操作中價格穩定是指什麼。筆者的建議是，價格穩定應定義為略高於通貨膨脹度量偏差的一致預測（可能隨時間變化而變化）。如果我們把一項大約1%的數字作為度量偏差的最佳估計值，再加上另一個1%的保險幅度，就能得到一個擬定的、每年大約2%的長期通貨膨脹目標，這是一項與全世界做法一致的數字……但是，有人可能會問，為什麼2%的長期通貨膨脹目標，比簡單又有零這一神奇數字吸引力的零通貨膨脹目標更好呢？或者，為什麼不選擇在剔除估計度量誤差後，與真實的零通貨膨脹目標一致的1%的長期通貨膨脹目標呢？我們需要一個安全幅度的原因是，把通貨膨脹目標定得過低，存在嚴重的風險，這些風險，包括真實薪水靈活性降低的可能性（如果削減名目薪水不可行）以及如果中央銀行錯誤地引起經濟滑入通貨膨脹的反面（通貨緊縮），而可能產生的金融不穩定。1%的真實通貨膨脹目標，為此類風險提供了保險。」

從《通貨膨脹目標制：國際經驗》一書的論述可以看到，價格穩定似乎可以解釋為通貨膨脹為零；然而，負利率目標制理論卻提出，儲存存貨需要付出儲存成本，最佳的名目價格，應降低持有貨幣與持有貨物之間的差異。由於貨物儲存成本率通常大於現金管理成本率，價格穩定顯然不能理解為零通貨膨脹。

根據負利率目標制理論，無須太深入的思考就能想到：在一個正常的社會經濟環境下，儲存成本率較為穩定，因此，通貨膨脹率也應較為穩定；同時，由於貨物儲存成本率通常大於現金管理成本率，因此，通貨膨脹率通常大於零。因此，不考慮特殊衝擊的影響，最佳價格並非為完全不變的價格，而是穩定以小幅高於零的速度成長，成長速度大約相當於實物的儲存成本率。當然，如果無風險名目利率不是彌補現金管理成本率，而是一個大於零的正值，很顯然，通貨膨脹率會更高。既然最佳價格並非為完全不變的價格，而通常是穩定地以略高於零的速度成長，那麼成長的速度是否不變呢？儲存物品會產生費用與損失，這種費用與損失會隨著資源與人工成本、季節變化等波動，因此，最佳價格既不是完全不變的價格，也不是成長速度完全一致的價格。不過，在沒有異常重大衝擊的情況下，儲存成本的變化是平穩漸進、可預期的，且變化幅度通常不大。

在正常的社會經濟環境下，由於儲存成本率的穩定，貨幣政策的物價穩定目標成立。然而本書已提到，名目價格並不完全受貨幣政策控制，在遭遇異常重大的衝擊時，大幅毀損等將使儲存成本率大幅上升，降低持有貨幣與持有貨物之間差異的名目價格也應上升，此時試圖透過貨幣政策穩定物價，無疑會無法彌補貨物儲存者的儲存成本，破壞正常的生產經營秩序。此外，即使未遭遇異常重大的衝擊，受心理因素、認知能力等的影響，市場價格會圍繞自然價格波動，這也不應由貨幣政策來控制。

雖然負利率目標制理論認為，物價穩定並非均有利於經濟發展，然而，將貨幣政策目標定位為物價穩定目標，無疑是貨幣發展長河中值得載入史冊的重大事件。在貨幣政策定位為物價穩定目標，從而發展通貨膨脹目標制前，我們曾經對貨幣政策寄予厚望，諸如充分就業、經濟成長、國際收支平衡、金融穩定、物價穩定等。令人遺憾的是，貨幣終究只是貨幣，實質經濟不會因為加印很多貨幣而發展，但過少的貨幣同樣不利於經濟發展。貨幣只是交易媒介，只要這個交易媒介不經常有異常波動，造成實質經濟混亂，貨幣就是提高交易效率的良好工具，省去了物物交換的諸多麻煩。顯然，倘若因貨幣管理不當造成很多混亂，也必然影響到實質經濟的運行，而由於這種影響違背實質經濟運行規律，因而通常是負面的，我們將在後續章節詳細闡述。

【重要結論】

過多或過少的貨幣都不利於經濟發展，只要這個交易媒介不經常有異常波動，造成實質經濟混亂，貨幣就是提高交易效率的良好工具，省去了物物交換的諸多麻煩。

負利率目標制認為，最佳的名目價格應降低持有貨幣與持有貨物之間的差異，即最佳的物價波動，應使得貨幣貶值幅度可以彌補存貨儲存成本超過現金管理成本的差額。因此，儘管正常社會經濟環境下，儲存成本率的穩定能使物價穩定，但並非任何經濟環境下，物價穩定均是最佳狀態。

「貨幣數量論」錯在哪？

名目價格以貨幣表示，因此，貨幣的變化會影響名目價格這一點毋庸置疑；然而，貨幣究竟是如何影響價格？雖然本書已給出明確的答案，然而在此之前，這卻是個讓經濟學家煞費苦心的問題，最終，關於貨幣量與物價關係的公式 MV=PY 脫穎而出，以其強大的影響力占據了主流地位，這一理論我們通常稱為貨幣數量論。迄今為止，未實施通貨膨脹目標制的國家中，許多國家的貨幣政策仍沿用這一公式，實施通貨膨脹目標制的國家在達成通貨膨脹目標時，也曾經、或正試圖根據這一理論控制通膨。

儘管現代貨幣數量論指出，數量理論首先是一種貨幣需求理論，不是一種產出理論、貨幣收入理論或價格水準理論，並構建了貨幣需求函數，然而，在具體到貨幣政策的建議上時，依然試圖將貨幣量 M 與產出 Y 直接對應，以此來推算可能形成的價格水準 P。

現代貨幣數量論的重要代表人物之一米爾頓．傅利曼曾闡述過最佳貨幣量：「貨幣數量變動，會產生重大而且具有可預測性的經濟影響。貨幣數量相對於產出變動，決定長期的價格趨向。貨幣數量在短時間顯著擴張，是價格膨脹的主要來源；貨幣數量在短時間顯著收縮，則為產生嚴重經濟收縮的主要因素。貨幣數量一般而言，不是影響實際量長期變動的重要因素，而主要取決於如經濟體系、工人特質、技術狀況、自然資源的可獲得性等基本現象。貨幣制度和政策，是決定一國財富的基本因素。整體來說，貨幣數量長期影響在於名目量，特別是絕對價格水準。在橫跨數個週期的時期，平均貨幣存量成長率，只要它是相對穩定於一個溫和的範圍內，就不會影響實際產出的成長率，貨幣成長的差異反應於價格。」

古典的貨幣量與物價關係的公式 MV=PY 並不總是成立，貨幣需求量不完全由產出決定，產出正向影響的主要是交易動機的資金需求。如凱因斯所述，流動性偏好由交易動機、謹慎動機、投機動機共同影響，MV=PY 尚存在不完善之處，而簡單根據產出決定貨幣供應量以保持價格的穩定更不合理，因為即使 MV=PY 成立，貨幣流通速度 V 也會發生變化。

在世界貨幣政策發展史上甚為流行的加息抗通膨，正是貨幣數量論的不當應用，受貨幣數量決定價格這一簡單邏輯影響，導致了更嚴重的通膨。

貨幣數量論並不能在現實檢驗中站住腳，穩定的貨幣供給並不能帶來穩定的通膨，世界上逐步實現零或負的無風險利率、低通膨的國家有一個共同的特徵，那就是貨幣供給量的波動變大，與產出的相關性變小了，從近十年（二〇〇六～二〇一六年）美國、日本、英國等眾多國家的數據都可以看到這一點。這與貨幣數量論中，貨幣供給量與產出及價格的關係式大相徑庭，顯然不像傅利曼所說的那樣，貨幣數量相對產出的變動決定價格。

傅利曼所支持的控制貨幣總量的貨幣政策，並非是按照產出，安排貨幣供給，而取決於穩定的成長速度。因為他認為，貨幣當局的貨幣政策操作滯後，導致停止或開始實施不當的貨幣政策，就會造成經濟波動。但從長期來看，產出的成長速度同樣會維持一個穩定的速度，而穩定的貨幣供給成長，正好滿足穩定的產出成長所需要的貨幣量。結合傅利曼其他論述也可以判斷，他支持貨幣供給量與產出的穩定關係。傅利曼也並非不讚同貨幣政策的物價穩定目標，而是認為貨幣當局沒有能力穩定物價。

其在書中也提到：「當生產者與消費者、雇主與雇員都能夠完全相信，未來平均價格水準是以一種已知的方式變動——最好是非常穩定的方式，那我們經濟體制的運作就能最佳化。」但傅利曼認為，相對於貨幣總量，價格水準難以控制，對於貨幣政策應該如何實施，他認為「第一個要求，是貨幣當局應該以其所能控制，而不能以其所不能控制的數量為指導。如果貨幣當局像它經常所為的那樣，將利率或現行失業率作為貨幣政策的標準，就像一艘太空船以一顆錯誤的星球為引導一樣，不論其導航設備多麼敏感精準，該太空船都將毀滅。貨幣當局也是如此，在許多它所能控制的各種數量中，最有吸引力的政策指標是匯率、用某個指數定義的物價水準以及貨幣總量——通貨加上已調整的活期存款，或這一總量加上商業銀行的定存，或更廣義的總量。我們根本不能精確預測一項特定的貨幣行動，將在何時對價格水準產生什麼影響。因而，由於錯誤的停止和開始，試圖直接控制價格水準，將可能使貨幣政策本身成為經濟波動的根源。或許，隨著我們對貨幣現象的深入理解，這一狀況將會改變。但在現有的理解階段，迂迴路線似乎是實現目標的更可靠途徑。因此，我相信貨幣總量乃是現在可用的、最好的貨幣政策的直接標準，並且我相信，選擇何種特定的貨幣總量，相對於被選出來的那個總量，並不那麼重要。」

貨幣當局沒有能力控制價格水準，這與本書提出的負利率目標制一致，儘管貨幣當局透過控制無風險名目利率可以影響價格水準，卻不能完全控制。

貨幣政策操作滯後，不當的貨幣政策操作反而會擴大經濟波動，這也與本書提出的負利率目標制一致。筆者認為，貨幣需求領先於貨幣供給，要準確預測貨幣需求很困難，因而無法準確安排符合需求的貨幣供給。正因為傅利曼認為價格水準無法控制，根據經濟變化調整貨幣供給的滯後措施，反而會擴大經濟波動。因此，傅利曼提出以穩定的貨幣總量成長率，作為貨幣政策目標，指出：

「……貨幣政策的第二項必備條件，是貨幣當局應避免政策劇烈搖擺。在過去，貨幣當局偶爾朝著錯誤方向行動，如我一再強調的大蕭條那樣的事件；不過他們更常朝正確的方向前行，儘管常常太遲緩，而且由於走得太遠而犯錯，而太遲與太過已經是司空見慣的事了。

筆者認為，貨幣當局應當完全同意應避免這種波動，而透過公開採取某一指定的貨幣總量，實現穩定成長率的政策。如同精確的貨幣總量一樣，精確成長率的重要性，比不上某種指定、已知的成長率。筆者曾經贊成這樣一個成長率，即最終價格水準按平均值大致穩定，估計通貨加上商業銀行的所有存款，每年成長率要求保持在差不多3%～5%，或者只是通貨加活期存款略微低一點的成長率。

但是，假如貨幣成長率穩定，即使按平均值固定成長會產生溫和的通貨膨脹或溫和的通貨緊縮，總比我們所經歷過的那種廣泛而無規律的擾動要好。透過設定一個穩定的途徑並堅持下去，貨幣當局就可以對促進經濟穩定貢獻良多，透過使該途徑成為一個穩定而溫和的貨幣數量成長率，就可以避免通貨膨脹或通貨緊縮……推行一種政策目標帶來通貨緊縮，使產品價格下降夠多，以獲得本書認為的完全最佳值，這樣的政策並不明智。前面章節中粗略的估計顯示，這將會要求美國價格水準每年至少下降5％，也許還要下降更多。在內部貼現率為正的世界中，急速轉換到這種情況，我推測它會有非常大的成本；一旦出現，偶爾或經常地過度調整就會非常嚴重……有一種接近完美的政策，可能就是使持有的貨幣量成為常數，貨幣政策領域的許多作者在其他場合已經推薦過這種政策，尤其是亨利．賽門斯。假定產出一年成長約3％～4％，如果貨幣的實際需求持續上升，實際收入保持在過去一個世紀的平均值，會使價格一年下降約3％～5％。根據某些更廣泛使用的成長模型分析，這種政策將會與最佳資本勞動比、最佳貨幣量一致……但是，這種政策看上去在短期內過於激烈，儘管它是很好的長期政策目標。」

傅利曼所提出貨幣政策不應劇烈搖擺，與本書的負利率目標制理論一致，然而，在如何定義貨幣政策的劇烈搖擺上，卻不盡相同。顯然，傅利曼所說貨幣政策的劇烈搖擺，更傾向於認為是貨幣供給量的劇烈搖擺；但負利率目標制理論認為，貨幣政策的劇烈搖擺，應是指利率的劇烈搖擺，因為最終影響實質經濟的是利率波動，而不是貨幣供給量波動，而利率的不當波動，會連帶導致實質經濟的融資成本不當波動，這一點，我們在後文還會進一步闡述。

傅利曼提出的4％～5％的穩定的貨幣總量成長率，從長期來看有其合理性。長期來看，假定不存在異常重大的衝擊，貨幣總量的增加速度如果能接近產出總量的增加速度，長期通膨水準應能控制在較低的水準。但從短期甚至中期看並非如此，即使不考慮名目量，經濟中的實際量本身是波動的，貨幣需求也是波動的，當貨幣供給不能滿足貨幣需求的波動，就會造成貨幣供給過剩或不足，將會直接影響到生產機構生產資金的籌集以及通膨水準的不合理波動等。

在開放經濟中，資本在不同國家間流動，這也加大了一國貨幣需求量的波動。以美國為例，美元作為世界避險貨幣，當全球經濟風險提高時，大量避險資金流向美國，其貨幣供給量的變化與產出變化常常表現出負相關。量化寬鬆期間的美國，M1成長速度高點達到20％，M2成長速度高點達到10％，無風險活期名目利率趨於零，並未出現高通膨水準，這正好與本書負利率目標制理論一致，貨幣當局控制無風險活期利率為最佳利率，通膨會自動調整到使實質利率可以彌補存貨儲存成本的水準。

此外，並非如傅利曼所願的是，事實上，貨幣當局沒有能力準確控制貨幣供給量（這一點在後文還將詳細闡述），這一點本身就違背了傅利曼提出的「貨幣當局應該以其所能控制，而不能以其所不能控制的數量為標準」這一原則，負利率目標制卻遵循這一原則，貨幣當局可以完全控制其接收與供給貨幣時的利率。

在本書提出「最佳價格應使持有貨幣與持有實物差異甚小，貨幣應適當貶值，使實質利率可以彌補實物的儲存成本」前，對於最佳價格一直缺乏具有說服力的理論依據。傅利曼曾提到：「最佳價格水準，人們已經討論了至少一個世紀，但還沒有找到確定和可證實的答案。十分有趣的是，當最佳貨幣量間接解決這一問題時，就能提供一個確定的答案，不同的是以往常規討論，強調短期的調整，這裡則側重長期的效應。」

傅利曼所指由最佳貨幣量來間接決定的價格水準，是在貨幣供給量穩定地以接近產出成長的速度成長時，所形成的穩定、近乎不變的價格水準。如他所表述：「……我希望以保持最終產品價格不變而設計穩定的成長率增加貨幣量，我估計美國這一比率是每年4％～5％，貨幣總量定義為，包括銀行之外的通貨和商業銀行所有的活期和定存。」然而，歷史經驗表明，貨幣供給量穩定地以接近產出成長的速度成長，並不能帶來穩定的價格水準，這在本書列舉美國、日本等國的數據時做了論述。

不同於負利率目標制理論「貨物儲存將產生儲存成本，貨幣應適當貶值，使實質利率彌補貨物儲存成本」的觀點，傅利曼認為儲存是「放棄消費的成本」，由此得出貨幣應升值，彌補放棄消費的成本。

傅利曼曾在書中寫道：「現金餘額從價值增值中獲得的投資收益剛好平衡，對於每個個人來說，抵消的是放棄消費成本，對於每家借債持有現金餘額的企業來說，抵消的是債務實際價值上升帶來的成本……除了價格下降，另一種抵銷個人持有額外現金餘額顯性成本的方法，是對貨幣付出利息。就像前面假設的那樣，為了代替提高稅收，減少貨幣量以取得收益，這些收益可以發放利息給個人持有的現金餘額，名目貨幣量保持不變。確實，在前面的結論，價格下降可被視為是發放利息給通貨僅有、可行的管理方法。」

傅利曼在闡述最佳貨幣量時，並沒有區別無風險名目利率與有風險名目利率，有風險的名目利率要承擔本金損失的風險，所以需要一定的風險溢價補償。

本書已闡述過，貨幣代表對應的貨物，貨幣的供需代表貨幣對應的貨物或資本的供需，實質經濟的風險利率由市場資本借貸決定，不應由貨幣當局的政策所控制。合理的貨幣政策下，市場風險利率由資本借貸決定，貨幣當局不應干擾，傅利曼未區分貨幣政策控制的無風險利率與市場風險利率，是分析結論出現偏差的重要原因。負利率目標制理論提出前的貨幣政策理論，認為利率並非貨幣政策可以控制，試圖控制貨幣供給量、通貨膨脹水準，卻不直接控制利率，主要是因為未區分貨幣政策控制的無風險利率與市場風險利率，未找到無風險利率的內在邏輯，不能合理確定貨幣政策應控制的無風險利率為多少才算合理。

此外，名目利率為正，並不代表實質利率為正，當過高的名目利率超過企業利潤率的承受能力，企業必然透過提高通膨降低實質利率，彌補名目資金成本。當然，通貨膨脹並不總是正好彌補儲存淨成本，儲存淨成本並不總是為正，這在前文已解釋過。

最後，還要就貨幣數量論說明的是，即使傅利曼提出的穩定貨幣總量成長率合理，受商業銀行的創造貨幣功能等影響，貨幣供給量並非完全由中央銀行控制。也就是說，貨幣當局透過貨幣政策，不一定能控制貨幣總量目標。威廉．西爾伯在《力挽狂瀾：保羅．沃克和他改變的金融世界》一書中這樣寫道：「一九七五年四月至一九七八年九月期間，貨幣數量每年成長10%。自第二次世界大戰結束以來，貨幣供應量，只有在一九七〇年二月至一九七三年七月期間，以這麼快的速度成長，兩者持續時間都差不多……儘管伯恩斯也在批評卡特政府的經濟政策，但他在一九七七年未能阻止貨幣供應量成長，進一步刺激經濟，這被認為至少對當前的通膨危局負有部分責任……亞瑟．伯恩斯一直都在告知國會……聯邦準備系統已經調低貨幣總量的增加速度，使通膨平穩下滑……與此鮮明對照的是，實際的貨幣增加速度不降反升……難道他口是心非嗎？」

柏南奇等人所著的《通貨膨脹目標制：國際經驗》一書，研究德國和瑞士中央銀行貨幣供給量目標的控制過程，發現既定貨幣供給量目標常常不能如預想的順利達成：「一九七九年春天，儘管沒有公開宣布，瑞士國民銀行重新回到貨幣目標。從一九八〇年起，又重新宣布貨幣目標，但是這次瑞士國民銀行選擇更窄的貨幣總量為目標。由於瑞士經濟規模比德國更小、更開放，對廣義貨幣的控制更具挑戰性……在一九七〇年代和一九八〇年代期間，德國聯邦銀行的貨幣目標，大約有一半時間被低估或者高估，多數情況下它會回呼高估的目標。它也會應對通貨膨脹以外的變量變化，從一九七五年宣布中央銀行貨幣（CBM）的成長目標開始，德國聯邦銀行就意識到，中央銀行貨幣容易受到流通中貨幣特殊變動的影響。一九七七年，德國聯邦銀行在德國馬克升值和經濟活動冷卻後，就允許CBM的成長高於目標。當時實行目標制才兩年的時間，德國聯邦銀行對此的解釋是『會有實現中間目標變量不能作為首要目標的時候』，因而承認在決策中實際機構和匯率變化的重要性。在一九八一年和一九八二年早期，由於德國馬克幣值趨軟，CBM成長比M3的成長緩慢，這種趨勢造成大量德國馬克回流和收益曲線逆轉（短期利率高於長期利率），進而造成投資組合從貨幣流入高收益的短期資產。相應地，一九八一年原定的4%～7%的貨幣目標被低估。但在這段期間，德國聯邦銀行在反通貨膨脹過程中獲得了一定成效，因而沒有採取措施，將貨幣成長提高到目標區間。一九八六年和一九八七年出現了相反的情況，也就是強勢馬克和處於歷史水準的低利率，使CBM先是成長了7.7％，然後是8％……在貨幣需求不穩定、以及難以預測貨幣成長對目標變量的影響的情況下，就很難實現短期貨幣目標……儘管GDP在一九九一下半年放緩成長，但M3卻加速成長。在一定程度上，這種加速是由於當時收益曲線出現反轉，造成定期存款強勁成長，使銀行為了扭轉儲蓄存款外流的趨勢，以具吸引力的條件提供特別存款計劃，這是一九八〇年年初以來，收益曲線首次反轉。在這種情況下，德國聯邦銀行面對利率上漲，可能提高M3成長的一種不尋常情況。儘管出現高利率，但由於銀行對私人機構的貸款迅速成長，這一問題變得更加突出。貸款成長在一定程度上，是由於聯邦政府提供的貸款補貼以及東德經濟和房地產機構的重組……德國聯邦銀行對一九九二年以來M3成長大幅波動的解釋，顯示對M3需求的變化與金融資產需求，而不是與對交易仲介的需求越來越接近……一九九六年，M3成長超出德國聯邦銀行4％～7％的目標，造成這種差距的原因是在最後一個季度，當時很多居民購買新發行的德國電信股票，影響到狹義貨幣的變化。然而很重要的是，應當注意從德國實行貨幣目標以來（CPI成長為1.4%），一九九六年通貨膨脹處於最低水準，德國聯邦銀行將三個利率工具降到歷史最低水準，M3成長率甚至超過既定目標。」

由於貨幣需求受到交易動機、謹慎動機、投機動機流動性偏好的影響，並非貨幣當局所能準確預測，尤其在異常衝擊到來時。因此，提出一個確定的貨幣總量成長目標並不合理，因為即使給定了貨幣總量成長目標，中央銀行也無法準確控制。而一九九六年，德國透過降低貨幣政策的利率工具實現較低的通膨，貨幣供給量卻偏離了目標，這與本書負利率目標制理論，關於降低利率會降低資本成本，從而降低價格的觀點一致。此外，觀察日本的經濟數據可以看到，一九九〇年代後的大降息，儘管M1增加速度曾大幅波動，M2、M3的增加速度卻處於較低的水準，可見與傳統認為的加息減少貨幣供給量、降息增加貨幣供給量的簡單邏輯不一致，從美國的利率變化也可以得出類似的結論。

【重要結論】

穩定的貨幣供給，並不能帶來穩定的通膨，世界上逐步實現零或負無風險利率、低通膨的國家有一個共同的特徵，那就是貨幣供給量的波動變大，而與產出的相關性變小了。

由於貨幣需求受到交易動機、謹慎動機、投機動機流動性偏好的影響，並非貨幣當局所能準確預測，尤其異常衝擊到來時。因此，提出一個確定的貨幣總量成長目標並不合理。受商業銀行創造貨幣功能等影響，貨幣供給量並非完全由中央銀行控制，因此，即使給定了貨幣總量成長目標，中央銀行也無法準確控制。

綜上，貨幣數量論存在兩大問題：一是中央銀行沒有能力制定滿足貨幣需求的貨幣供給量目標，二是貨幣當局透過貨幣政策無法準確實現貨幣供給量目標。

「加息抗通膨」的謬誤還要騙我們多久？

提高利率會減少貨幣供給量，貨幣供給量減少物價就會下行，然而，加息真的能抗通膨嗎？長期以來我們都被這個簡單的邏輯所欺騙。

儘管多數經濟學家都認為通膨是一種貨幣現象，過多的貨幣追逐過少的貨物導致通膨；但歷史已無數次的證明，加息緊縮貨幣，未必能降通膨。本書已經闡述過，除非供給受到限制，否則從長期來看，決定價格的是成本而非供需。利率透過影響組成商品成本的名目資金成本等，影響名目價格，提高利率將提升組成商品價格的名目資金成本，連帶提升名目價格；降低利率將降低組成商品價格的名目資金成本，連帶將降低名目價格，這是世界貨幣政策史上，「加息控制通膨」與「降息提高通膨」都失敗的原因。執行通貨膨脹目標制、成功實現低通膨的世界各國，無一例外顯示低，通膨不是透過加息實現，而是透過降息，在低利率環境下維持了較低的通膨水準。

我們習慣將通膨解釋為，過多的貨幣追逐過少的貨物，將控制通膨理解為控制過多的貨幣。我們會過分關注通膨其中一面，即過多的貨幣，而忽視了通膨的另一面，即過少的貨物，才導致加息控制通膨失敗。人為提高利率控制貨幣供應量，導致利率水準偏離企業利潤率的承受能力，從而使實質經濟企業無法正常生產，投資計劃因資金成本上升，導致風險上升及生產不足，形成過少的貨物。從貨幣與價格的關係看，不考慮其他因素，同等貨幣下，貨物減少會導致通膨；從利率與價格的關係看，利息成本的上升需要透過上升通膨轉嫁給消費者。因此，不當控制貨幣供給量，不僅不能控制通膨，反而會更嚴重。國際貨幣政策經驗表明，透過加息緊縮貨幣，難以成功抗通膨，反而會加劇。

在柏南奇等人所著《通貨膨脹目標制：國際經驗》一書中，是這樣描述加拿大通貨膨脹的目標制經驗的：「加拿大銀行在面對疲軟的經濟狀況時，透過通貨膨脹目標，採取放寬貨幣條件的政策，同時相信這種政策不會導致未來更高的通膨水準。」書中舉例了加拿大在面對一九九一年的通膨上升的壓力時，並沒有提高利率，試圖使貨幣環境更寬鬆，一九九二年通膨下行至目標區間。從加拿大的經驗可以看到，以符合貨幣需求的供給，保證企業生產正常進行，避免人為加息提高企業的資金成本，導致過少貨物，反而可以達到控制通膨的目的。

《通貨膨脹目標制：國際經驗》也舉了紐西蘭的例子：「從一九九〇年十二月中旬開始，紐西蘭儲備銀行允許大幅度下降九十天的銀行票據利率，以應付低於預期的通貨膨脹壓力，然而一九九一年八月，紐西蘭儲備銀行對通貨膨脹的下降速度感到吃驚。其在一九九一年一月的貨幣政策聲明中，曾經預測整體通貨膨脹，在第二年十二月會略高於2.5%～4.5%通貨膨脹目標的中間點；但實際上，到第二季度的六月份，通貨膨脹率卻已經降到2.8%。」由此可見，降息放寬貨幣政策以防止通膨過快下降，並不成功。《通貨膨脹目標制：國際經驗》中同樣寫道：「由於進一步採取緊縮貨幣政策，從一九九四年六月到十二月，銀行票據利率從5.5%上升到9.5%。一九九五年第二季度整體通貨膨脹上升迅速達到4.6%。」這也表明，加息緊縮貨幣，控制通貨膨脹率過快上升，也不成功。

從上述分析可以看到，由於通貨膨脹目標制僅僅給定了通貨膨脹目標，對如何實現目標並無具體方案，各國在實施過程中多次失敗，最終找到相對有效的手段。人為過度加息或降息，都會導致貨幣供給不適應需求，只會擾亂經濟秩序，而無法實現通貨膨脹目標。但如本書所闡述，通貨膨脹目標制在世界貨幣政策史上有很積極的作用，各國在通貨膨脹目標制實施過程中總結的成功經驗顯示，較為有效地實現通貨膨脹目標的手段，接近於本書基於儲存成本提出的負利率目標制理論，低利息下的低通貨膨脹率，能較好彌補貨物的儲存成本。不過，至今人們仍未意識到加息抗通膨的失敗，我們再列舉貨幣政策史上幾個加息抗通膨的失敗案例。

威廉．西爾伯在《力挽狂瀾：保羅．沃克和他改變的金融世界》中，舉了較多美國加息控制通膨的例子，最終都未能成功。他在書裡這樣寫：「自從一九八一年十二月以來，貨幣供應量大增15％，這讓所有的委員都很吃驚，如果考慮到一九八一年中開始的深度衰退，貨幣需求應該下降。在一九八二年二月一日，聯邦公開市場委員會會議即將結束的時候，委員投票，決定考慮『貨幣供應量近期的上升問題』，並準備在一九八二年第一季『不再增加貨幣供應』。委員會還將聯邦基金利率提高到14%，而一九八一年十二月的目標利率是12%。」

從威廉．西爾伯上述描述可以看到，其將深度衰退直接連繫上貨幣需求下降，是因為僅考慮到與產出相關的貨幣需求，即主要考慮的是交易動機的貨幣需求。不過，他隨後又這樣寫道：「未能阻止一九三〇年代的『大蕭條』，是美國聯邦準備系統最大的失誤。之後，美國聯邦準備系統再次鑄成大錯，是因為無法控制一九七〇年代的通貨膨脹。沃克估計，此刻援引一九二九年的例子，能促使聯邦公開市場委員達成共識，同意將政策從進攻（控制貨幣總量以抗擊通膨）轉向保守（降低利率以維護銀行體系穩定）。沃克是對的，在一九八二年十月五日的聯邦公開市場委員會上，委員們以9：3的表決結果，同意將貨幣政策目標轉向降低利率。」可見，美國聯邦準備系統在實踐過程中，發現加息控制通膨並不成功，反過來嘗試降低利率，此舉也的確使通膨下行。

加息抗通膨的謬誤，同樣可以在俄羅斯近年的貨幣政策執行中看到。俄羅斯的能源經濟，使資本流入、流出受原油價格影響很大，俄羅斯貨幣政策試圖對抗原油價格的衝擊，這使得貨幣供給不能很好適應貨幣需求。俄羅斯經濟非常依賴石油出口，石油是俄羅斯政府稅收的重要來源。實際上，石油價格變化與俄羅斯盧布的匯率變化習習相關，油價下跌時資本流出俄羅斯，也伴隨著盧布貶值。

以二〇一四年的盧布貶值為例，由於盧布貶值幅度過大，俄羅斯央行於二〇一四年十二月十六日連夜召開緊急會議，於莫斯科時間凌晨一點左右發表聲明，將關鍵利率從10.5％大幅上調到17％，這是一九九八年俄羅斯債務違約以來，俄央行最大幅度的加息。俄央行指出，此舉旨在阻止盧布貶值、防控通膨大幅走高。從俄羅斯數據可以看到，俄羅斯匯率指數從二〇〇八年以來，與原油價格緊密相關，隨著原油價格大幅下行，俄羅斯匯率指數也大幅下行。二〇一四年中，原油價格開始大幅下行，在十二月大幅加息後，短期國債利率顯著高於長期國債利率，工業產出速度大幅下行，進入負成長階段，通貨膨脹卻大幅上行，俄羅斯匯率指數則短期反彈後繼續下行。顯然，俄羅斯央行的加息未能阻止盧布的跌勢，也未能控制通膨，卻加劇了經濟危機。

如本書負利率目標制理論所一貫強調，要降低自行持有現金與將現金交付機構保管的區別，倘若貨幣儲存者不承擔保管風險，就必須向貨幣保管者支付保管費用。因此，無風險名目利率應為負值，負值用以彌補現金的保管成本。儲存貨物需要付出儲存成本，承擔儲存貨物的減值損失以及儲備過程中的保管費用，要降低儲存貨幣與儲存實物的差異，實質利率應為負值，以彌補貨物的儲存成本。

人為提高利率控制貨幣供應量，將導致利率水準偏離企業利潤率的承受力，使企業無法正常生產與投資，從而形成過少的貨物，不考慮其他因素，同等貨幣下，貨物減少會導致通膨。此外，利息成本的上升，需要透過通膨上升轉嫁給消費者，因此，當生產者沒有足夠的利潤可供抽取，高名目利率最終會以高通膨的形式，將成本轉嫁到消費者身上，只有降低實質利率，才能彌補生產者過高的資金成本。不當控制貨幣供給量，不僅不能控制通膨，反而會更嚴重。前文也已闡述過，通貨膨脹率自動調整，使實質利率可以彌補儲存成本率，在儲存成本率較穩定的情況下，提高名目利率必然同時提高通貨膨脹率。高通膨與高名目利率共存的俄羅斯，實質利率長期為負；而一九七〇年代和一九八〇年代的美國，高通膨與高名目利率共存，也出現過實質利率為負的情況。

除了從名目資金成本上升提高名目價格，解釋加息控制通膨為什麼失敗，還可以從另一個角度分析加息抗通膨的謬誤。之所以認為加息能抗通膨，一是認為提高利率會減少貨幣供給量，二是認為貨幣供給量減少物價就會下行，兩者結合，得出加息抗通膨的結論。加息抗通膨是以加息能減少貨幣供給量為前提，而事實上，加息未必能減少貨幣供給量，因為上升的名目利息需要以貨幣支付，上升的名目價格同樣需要以貨幣支付。傅利曼在書中提到：「歷史上高且上升的名目利率，一直與貨幣量快速成長相關，如巴西、智利，或最近幾年的美國；而低且下降的利率，一直與貨幣量緩慢成長相關，如目前的瑞士或者一九二九至一九三三年的美國。作為一個經驗問題，低利率是貨幣政策一直緊縮的徵兆——就貨幣成長緩慢而言；而高利率是貨幣政策一直寬鬆的徵兆——就貨幣量成長迅速而言。廣泛的事實經驗，恰恰與金融社會和學術界的經濟學家認為理所當然的方向背道而馳。」

不過，傅利曼舉此例子，只是想說明貨幣政策無法控制利率。除了「提高利率會減少貨幣供給量」不成立，「貨幣供給量減少物價就會下行」也未必成立，而本書已闡述過，貨幣需求受多種動機影響，貨幣量與物價的關係不是簡單的比例關係。

【重要結論】

本書已經闡述過，除非供給受到限制，否則從長期來看，決定價格的是成本而非供需。利率透過影響組成商品成本的名目資金成本等，影響名目價格，提高利率將使組成商品價格的名目資金成本提升，連帶提升名目價格；降低利率將使組成商品價格的名目資金成本下降，連帶降低名目價格，這是世界貨幣政策史上「加息控制通膨」與「降息提高通膨」都失敗的原因。我們透過觀察各國比較長期的名目利率與通貨膨脹率數據，可以很清楚地看到，名目利率與通貨膨脹率，基本上表現出同向變動特徵，名目利率提升，通貨膨脹率提升；名目利率降低，通貨膨脹率降低。

人為提高利率控制貨幣供應量，導致利率水準偏離企業利潤率的承受能力，從而使得實質經濟企業原有正常的生產、投資計劃，因資金成本上升無法進行，導致風險上升及生產不足，形成過少貨物。從貨幣與價格的關係看，不考慮其他因素，同等貨幣下，貨物減少會導致通膨；從利率與價格的關係看，利息成本的上升，需要透過通膨上升轉嫁給消費者。因此，不當控制貨幣供給量，不僅不能控制通膨，反而會導致更嚴重的通膨。

加息未必能減少貨幣供給量，上升的名目利息需要以貨幣支付，上升的名目價格同樣需要以貨幣支付。各國的降息過程也顯示，從利率與貨幣供給量的數據變化，並不能得出降息能使貨幣供給量大幅成長的結論，故「加息減少貨幣供給量」不能成立。貨幣需求受多種動機影響，貨幣量與物價的關係不是簡單的比例關係，「貨幣供給量減少物價就會下行」也未必成立，加息抗通膨的結論也就不能成立。

國際盛行的「通貨膨脹目標制」有什麼缺陷？

貨幣政策在不斷實踐與發展後，從最初的充分就業、經濟成長、國際收支平衡、金融穩定、物價穩定等多項目標，逐步向貨幣政策單一的物價穩定目標靠攏。貨幣政策目標也逐漸定位為物價穩定目標，從而產生了通貨膨脹目標制。

沿用班．柏南奇等人在《通貨膨脹目標制：國際經驗》一書中對通貨膨脹目標制的定義：通貨膨脹目標制是一個貨幣政策框架，主要特點是公開宣布一個或多個時限內的官方通貨膨脹數值目標（或目標區間），同時承認穩定的低通貨膨脹是貨幣政策的首要長期目標。工業化國家相繼採取了某種形式的通貨膨脹目標制，如紐西蘭、加拿大、英國、瑞典、芬蘭、以色列、西班牙和澳洲等。

一九七八年的《韓福瑞－霍金斯法案》，正式將美國聯邦準備系統的職責，表述為充分就業和價格穩定。由參議員比爾．薩克森提出的法案（《一九九七價格穩定法案》）就公開要求美國聯邦準備系統採用通貨膨脹目標制。一九八九年通過的《紐西蘭儲備銀行法》，要求紐西蘭儲備銀行制定與執行貨幣政策，以實現與維持價格總水準的穩定為經濟目標。作為歐洲貨幣同盟的基礎，馬斯垂克條約確定將價格穩定作為歐洲中央銀行的主要目標。

通貨膨脹目標制在不斷實踐中完善壯大，然而，通貨膨脹目標制是一種貨幣政策經驗制，通貨膨脹目標制雖然提出以價格穩定為目標，但對這個目標設定為多少才為合理，以及如何實現這個目標，並無明確的操作方案。因為通貨膨脹目標制未說明操作方法，在通貨膨脹目標制的實施過程中，很難準確達到目標，並且在經濟遭遇異常重大的衝擊時，常常不得不調整目標，而調整到怎樣的範圍視為合理，顯然缺乏足夠的理論依據。

柏南奇等人所著《通貨膨脹目標制：國際經驗》一書指出：「在技術層面，通貨膨脹目標制並沒有提供中央銀行一個簡單、機械的操作方法，而要求中央銀行利用經濟的結構模型和判斷模型以及所有它認為相關的資訊，來實現價格穩定目標。換言之，儘管有一個側重的目標，通貨膨脹目標制在許多方面仍是一種什麼都考慮的策略……通貨膨脹目標制在實際操作中，給決策者相當大的衡量式財政政策空間……總供給衝擊，如石油價格衝擊，對通貨膨脹目標制的國家來說，是個較為棘手的問題，一旦嚴重衝擊供給影響經濟，使通貨膨脹接近目標，可能要付出非常高昂的損失產出和就業代價。但是，正如在本書中的案例分析所顯示的，一個設計良好的通貨膨脹目標制可以良好地應對供給衝擊。例如，大多數國家設計的通貨膨脹目標，至少排除了第一輪供給衝擊效應，如食物或能源價格上漲，或上調增值稅的第一輪影響。免責條款允許中央銀行調整中期目標，以應對無法預測的變化，是應對供給衝擊的另一種辦法……在一九七九年石油供給衝擊後，德國聯邦銀行設定短期目標，逐步消除隨著時間變化由供給衝擊造成的通貨膨脹，直到再次實現長期通貨膨脹目標。」可見，各國並未找到能準確實現通貨膨脹目標的有效方法。

正因為各國中央銀行意識到，難以準確實現通貨膨脹目標，故試圖剔除眾多影響通貨膨脹的變量，以得到一個較易實現的目標，例如《通貨膨脹目標制：國際經驗》提到紐西蘭「通貨膨脹目標所依據的價格指數，被設計成排除供給衝擊的首輪影響，因此測量的是基底通貨膨脹。紐西蘭統計局公布消費者物價指數，該指數剔除了利率變化對生活成本的首輪影響。這一指數經過紐西蘭儲備銀行進一步修訂，剔除了來自於貿易條件變動、能源與商品價格變化、政府收費與間接稅的變化，以及由一些其他有較重影響的價格變化所引起的第一輪衝擊」。然而，對消費者而言，承擔的並非是剔除後的通貨膨脹，而是整體通貨膨脹，且剔除通貨膨脹本身具有人為操作的隨意性。

實際上，儘管已多種剔除，通貨膨脹目標依然無法準確實現。

《通貨膨脹目標制：國際經驗》一書總結國際通貨膨脹目標制的實施經驗，多次闡述了實現通貨膨脹目標的不確定性，比如「通貨膨脹目標制實施者，對於通貨膨脹目標是應達到一個單一的點，還是一個可以接受的區間，有不同的選擇。正如我們看到的一樣，區間目標對經濟的衝擊的反應被允許有靈活性，並反應了實現通貨膨脹目標的不確定性……為了避免這類問題，我們建議採用通貨膨脹的點目標。我們完全認識到，控制通貨膨脹本來就不完美，而且圍繞點目標的不確定性會有不可避免的區間，需要在分析中央銀行時承認……」。

除了實現通貨膨脹目標的不確定性，設定通貨膨脹目標本身也具有隨意性，儘管人們意識到物價應該穩定，然而何為價格穩定，並無明確的理論，因此，設定通貨膨脹目標僅僅是一個經驗值。

《通貨膨脹目標制：國際經驗》一書指出：「根據通貨膨脹目標聲明，

瑞典貨幣政策目標是『從一九九五年起，將消費者物價指數年成長率控制在2%以內』（Sveriges Riksbank, 1994）。與所有其他採用通貨膨脹目標制國家一樣，價格穩定的操作性定義，是一個高於零的謹慎的通貨膨脹率（最初的通貨膨脹目標區設定為1%～3%）。由於相關原因，還沒有國家如『價格穩定』字面所要求的那樣，將通貨膨脹目標區間的中點定為零。即使世界上最堅定反通貨膨脹的中央銀行之一——德國聯邦銀行，其選擇的年名目通貨膨脹目標也為2%目前為1.5%～2%）。一個根本的原理，是考慮到可能出現通貨緊縮：通貨膨脹的目標取值大於零，為的是降低出現意外通貨緊縮的情況。而且經濟學家認為（儘管仍存在爭議）在通貨膨脹處於2%～3%區間時，可以實現低通貨膨脹的收益，而更低的通貨膨脹水準會成為實質經濟運行的障礙。有證據表明，像德國銀行所做，通貨膨脹大於零（但不能太高）的目標保持一段時間後，並沒有造成公眾不穩定的通貨膨脹，或使中央銀行的可信度下降。」

儘管《通貨膨脹目標制：國際經驗》中，對各國通貨膨脹目標區通常設定為1%～3%僅為經驗數據，尚不能給出合理的解釋，但從對各國通貨膨脹目標制實施經驗，總結出：略高於零的通貨膨脹率是合理的。正因為通貨膨脹目標制只提供了目標方向，未提供實現目標的具體手段，也未嚴格限定具體的目標數值，且允許受到特殊衝擊情況下調整目標數值。通貨膨脹目標制在實際操作中較高的靈活性，使各國央行在實現低通貨膨脹目標的過程中累積了很多成功經驗。

在本書提出負利率目標制理論前，儘管缺乏強有力的貨幣政策操作理論依據，來實現低利率與低通膨，因為貨幣政策操作更多是源於長期經驗，但貨幣政策實踐經驗證明：通貨膨脹目標制中的許多成功經驗，都一步步地向負利率目標制靠攏。這可以從本書提出的負利率目標制理論解釋。

歷史上，各國通貨膨脹目標制的經驗值，為小幅的正通貨膨脹率，通常在2%左右，而不是零通膨或負通膨。事實上，如本書負利率目標制理論所提出，需要一個高於零的通貨膨脹率，使實質利率可以彌補儲存成本，以盡量保證持有貨幣與持有貨物的微小差異。

我們在本書闡述負利率目標制理論的內在邏輯時就曾指出，儲存貨物需要付出儲存成本，因此，要降低持有貨幣與持有貨物之間的差異，則實物的名目價格需要上升，以彌補儲存成本，小幅為正的通貨膨脹率正好可以彌補儲存成本。低於零的通貨膨脹率由於不能彌補儲存成本，因此會成為實質經濟運行的障礙，實體企業生產過程中必然有大量存貨，如果無法彌補這些存貨的儲存成本，企業將難以為繼續生產。當然，過高的通貨膨脹率也不合理，將使持有貨幣者重大損失，從而降低儲蓄意願，使投資缺乏必要的資金來源。

不過，人為限定一個固定的通貨膨脹率顯然有不合理之處，各國1％～3％的通貨膨脹目標制經驗數據常常受到挑戰。《通貨膨脹目標制：國際經驗》一書也指出：「不論何時，想在特定時間區內，使通貨膨脹目標低於現行的通貨膨脹水準、消除通貨膨脹的特定途徑，意味著要判斷，可接受的通貨膨脹降低的實際經濟成本……紐西蘭儲備銀行一直很痛苦地強調，短期內，實質經濟與貨幣政策之間依然相關，至於反通貨膨脹的速度如何，是政府的選擇（而不是該行的選擇）。紐西蘭儲備銀行相關高層的說法是：從技術水準上來看，實質經濟的狀態，是評價任何通貨膨脹壓力的重要因素。更重要的是，在有些情況下，必須要在通貨膨脹—實質經濟之間權衡，特別是決策反通貨膨脹的速度，若速度過快，經驗說明，會為實質經濟帶來過高的成本。若嚴格固守一個窄通貨膨脹目標區，中央銀行就會執行貨幣政策工具，該執行範圍可能超出該中央銀行的預想，將帶來工具以及總體經濟不穩定的可能性。」

通貨膨脹目標制，應該是最接近負利率目標制的貨幣政策；然而，正如本書之前章節所闡述，最佳的名目價格，應降低持有貨幣與持有貨物之間的差異，儲存物品會產生費用與損失，因此要降低持有貨幣與持有貨物之間的差異，則實物的名目價格需要上升，以彌補儲存成本。因此在沒有異常重大衝擊的情況下，合理的通貨膨脹率略高於零；但是，發生異常重大的衝擊時，儲存成本會上升，如遭遇戰爭、自然災害時，由於許多儲存貨物毀損，儲存成本也較高，此時，高儲存成本率必然帶來高通貨膨脹率，不應由貨幣政策控制。人為降低通膨，將造成不公平的財富再分配，擾亂正常的市場經濟秩序，導致高儲存成本率無法順利透過高通膨率轉嫁，導致部分企業的生產經營無法正常進行。高毀損率帶來高通膨率，這一點相信讀者不會有疑義，當經濟中的產品大幅減少，而居民手中持有的貨幣並未如此時（央行顯然不能隨意地收回居民手中的貨幣），單位貨幣能換取的產品必然減少，即貨幣相對產品貶值。

儘管通貨膨脹目標制存在種種問題，但在反覆的摸索中，部分國家仍成功實現了低利率、低通膨，與負利率目標制理論有相同之處。一方面，名目價格是以貨幣衡量的實物的價格，貨幣作為名目價格的衡量尺度如果合理，應保證這個尺度穩定而不是經常變化，即保持名目價格穩定；另一方面，由於儲存實物相對儲存貨幣成本較高，為了保證貨幣這個衡量尺度合理，貨幣相對實物應適度貶值（也即實物相對貨幣適度升值，或名目價格適度上漲）以彌補實物較高的儲存成本。不考慮特殊衝擊的影響，最佳的貨幣供給，通常會形成略高於零、可以彌補實物儲存成本的穩定通貨膨脹率。這正是通貨膨脹目標制的某些實施經驗，達到負利率目標制部分效果的原因，通貨膨脹目標制下，設定較低的通貨膨脹目標，在正常經濟環境下大約可以彌補負利率目標制理論下貨物的儲存成本率。不過，如前所述，儘管通貨膨脹目標制的確帶來某些類似於負利率目標制的效果，但相對於負利率目標制，依然存在眾多缺陷。

綜上，通貨膨脹目標制存在懸而未決的三大難題：

①合理的通貨膨脹目標究竟是多少？為什麼實踐經驗表明，通貨膨脹目標大於零，為1%～3%更利於經濟發展？

②貨幣政策如何合理實現低通貨膨脹目標？

③重大衝擊下，通貨膨脹目標無法實現的原因與應對方式是什麼？

負利率目標制對這三個問題的解答如下：

第一，合理的通貨膨脹目標，是實質利率能彌補存貨儲存成本的貨幣貶值目標。因為要降低持有貨幣與持有實物的差異，貨幣應適當貶值彌補實物的儲存成本。由於儲存費用通常大於儲存孳息，導致存貨儲存淨成本通常為正，且儲存成本率通常略高於零的水準，而現金管理成本通常趨於零，因此，彌補儲存成本率的通貨膨脹率通常為正，且為略高於零的低通脹水準。

第二，貨幣政策為實現低通膨，只能降低貨幣政策的無風險名目利率，最佳狀態為降至可彌補現金管理成本、微低於零的負利率水準。因為要降低持有現金與將現金存放在保管機構的區別，無風險名目利率應為負值，以彌補現金的保管成本。

第三，歷史經驗表明，總供給衝擊、能源價格衝擊等重大衝擊到來時，通貨膨脹會發生貨幣當局無法控制的波動。對此，負利率目標制理論認為，總供給衝擊、能源價格衝擊會導致存貨儲存成本率波動，需要調整通貨膨脹率，使實質利率約可以彌補存貨儲存成本率。由於存貨儲存成本率不由貨幣政策控制，因此通貨膨脹率不由貨幣政策控制。換句話說，貨幣政策只能透過控制無風險名目資金成本來影響價格，無法控制其他影響因素，因此，當天災人禍等大規模毀損，導致資本損失或能源價格大幅上升時，貨幣當局無法控制價格波動。

貨幣政策能控制通貨膨脹嗎？

名目價格是以貨幣表示的實物的價格，因此討論價格離不開討論貨幣。在本書中已經提過，由於人們習慣將通膨解釋為過多的貨幣追逐過少的貨物，將控制通膨理解為控制過多的貨幣，而忽視了通膨的另一面，即過少的貨物，導致加息控制通膨失敗。同樣，由於過度重視貨幣等名目量，而忽略了產出等實際量，通膨被過度歸咎到失敗的貨幣政策，這也使一發生通膨，就試圖靠貨幣政策解決，公眾寄託的希望是如此，貨幣政策執行者的操作也是如此。

然而，貨幣政策只能透過控制無風險名目利率來影響價格，除此以外，貨幣政策也無能為力。正因為如此，通貨膨脹目標制實施以來，沒有一個國家能準確實現通貨膨脹目標，尤其發生異常重大的衝擊時。

如本書所闡述，儲存貨物會產生儲存成本，無風險實質利率應為負值，以彌補儲存成本，倘若設定無風險名目利率為零，或可彌補現金管理成本的略低於零的水準。通貨膨脹會自動調整，使通貨膨脹率約等於貨物儲存成本率，在遭遇異常重大的衝擊時，經濟中的儲存成本率會提高，通貨膨脹率也會提高。

不當的貨幣政策無疑會擴大通膨，但並非像大眾所認識的一樣，加息減少貨幣就能降低通膨、降息增加貨幣就會導致通膨。如本書所一貫強調，最佳的貨幣供給，是最適應貨幣需求的貨幣供給，而不是人為憑空地決定增加、減少貨幣。

通膨不完全由貨幣政策決定，但不當的貨幣政策的確會導致通膨，例如人為加息提高名目利率時，資金成本會轉嫁給消費者，只能提高通膨。此外，異常重大的衝擊、財經紀律不嚴、金融市場不完善等，均會導致通膨，這些都不是貨幣政策所能控制，因為經濟中的損失或價格衝擊會提高儲存成本，而貨幣政策無法控制。

【重要結論】

由於過度重視貨幣等名目量，而忽略了產出等實際量，通膨被過度歸咎到失敗的貨幣政策上，這也使一發生通膨，就試圖靠貨幣政策解決，導致不當執行貨幣政策。

貨幣政策只能透過控制無風險名目利率影響名目資金成本，進而影響名目價格，除此以外，貨幣政策也無能為力。正因為如此，通貨膨脹目標制實施以來，沒有一個國家能準確實現通貨膨脹目標，尤其發生異常重大的衝擊時。

不合理的價格會有哪些影響？

過高的頻繁定價成本，無疑是非最佳價格顯而易見的問題，然而，非最佳價格的影響遠不止於此。在長期的貨幣使用經驗中，市場越來越意識到，儲存物品過去與現在的價格，如果大幅波動，就會重新分配持有貨幣與持有實物者的財富。如果名目價格大幅下行，則對持有實物的人不利，如果名目價格大幅上行，則對持有貨幣的人不利，這種人為重新分配資源、打亂供需結構，顯然會造成全社會混亂。同時，每個人都要花費時間成本，考慮持有實物還是持有貨幣的問題，而無法專注於生產性勞動，大大降低生產效率。最終，貨幣政策目標越來越傾向於物價穩定。

傅利曼曾在書中指出：「一般說來，在一個經濟週期的擴張期內，價格將會上升；而在收縮期內，價格將會下降。在經濟週期內，產量與價格趨於一致——兩者都是在擴張期內趨於上升，而在收縮期內趨於下降。價格變動和產量變動兩者都是週期的一部分，而且任何可能促進顯著擴張的因素，包括貨幣變動在內，都可能促進這兩者大幅上升，反之亦然。在長期的狀況，一國的產出變動首先取決於可得資源、該國的工業組織、知識與技術的成長、人口成長、資本累積等一些基本要素，在這個舞台上，貨幣與價格作為配角發揮作用。在貨幣存量及價格變動影響的問題上，一種廣為人知並且少有疑義的主張，是突然大幅的價格變動不利於產量成長，無論這些變動是上升還是下降。就一個極端來說，惡性通貨膨脹期間的價格上漲，嚴重妨礙了資源的有效使用。而在另一個極端的情況下，如一九二〇到一九二一年期間，及一九二九到一九三三年期間的價格驟減，無疑浪費了普遍而巨大的資源。只要在價格變動相對穩定、規模適度，且可以被合理地預期的情況下，價格的上漲或下降都會與快速的經濟成長一致。雖然在經濟成長的主要動力理論上是其他因素，但是價格的不可預測和反覆無常的波動，顯然會干擾經濟成長與穩定。」

負利率目標制理論認為，最佳名目價格應使貨幣相對實物貶值的損失，約相當於貨物儲存成本超過現金管理成本的部分，貨幣當局應控制無風險名目利率，以彌補現金管理成本，形成最佳利率，使最佳實質利率大約相當於儲存成本率。貨幣當局不當的貨幣政策轉變，將使名目利率大大偏離最佳利率，從而導致名目價格不當波動。貨幣政策轉變越急遽，實質經濟越無法及時調整，儘管從長期看價格會調整，但短期內會使實質利率與儲存成本率大幅偏離，從而嚴重干擾實質經濟的運行。

【重要結論】

名目價格不當波動造成的財富再分配，和人為重新分配資源，將打亂供需結構，顯然會造成全社會混亂，同時，每個人都要花費時間成本，考慮持有實物還是持有貨幣的問題，無法專注於生產性勞動，大大降低生產效率。

貨幣當局不當的貨幣政策轉變，將使得名目利率大大偏離最佳利率，導致名目價格不當波動，貨幣政策轉變越急遽，實質經濟越無法及時調整，儘管從長期看價格會調整，但短期內會使實質利率與儲存成本率大幅偏離，從而嚴重干擾實質經濟的運行。

第四章　何謂合理的貨幣供給量？

需求，尤其是消費品需求的領先性能告訴我們什麼？

關於需求領先供給的理論，筆者在《魔法村莊》一書中曾詳細分析，為了便於讀者理解貨幣需求領先於貨幣供給的觀點，於此再簡要闡述一下該理論。

筆者在《魔法村莊》一書中指出：「需求領先供給的規律，是市場經濟運行的基本規律，不因任何外部環境的變化而轉移，而之所以會產生許多經濟問題，均是因為違背了這一規律。企業發展不應違背經濟規律，經濟政策也不應違背經濟規律，投資同樣如此，違背經濟規律發展，會帶來更多過剩、更多閒置、更低效率，將承擔更大的風險。使供給適應需求，是企業發展的核心，也應是經濟政策的核心。從企業的角度看，供給盡其所能適應需求，企業就能實現自身利潤最大化，因為有需求的產品才能銷售，並從中獲利。從總體經濟看，供給盡其所能適應需求，意味著社會整體的需求得到最大滿足。」

需求領先於供給，表現在任一經濟領域，產品需求領先於產品供給、產能需求領先於產能供給、勞力需求領先於勞力供給、制度需求領先於制度供給、貨幣需求領先於貨幣供給、外匯需求領先於外匯供給。

先談產品需求領先於產品供給。兩個因素會導致產品過剩，一個是經濟的週期性，即需求會發生波動；另一個因素是供給相對需求滯後，供給需要根據需求變化，決定自身的變化，若需求減速，供給卻不能及時減速，就會導致產品過剩。因此，產品嚴重過剩，通常緊跟在需求下降後。即使不考慮政策及其他外部因素的干預，市場機制調整產品供需，也會出現產品過剩的情況，只是產品過剩的程度不同。資本是逐利的，任何理性的人都在企圖追逐更多利潤。因此，資本的逐利性，使企業被迫生產符合市場需求的產品，而不是全憑自己的興趣，因為有需求的地方才有逐利的空間，而企業根據市場需求安排生產，使供給相對需求滯後。需求增加，供給隨之增加，而在市場需求不足、產品滯銷的環境下，企業也不會自顧自不停生產，需求減少，供給隨之減少。企業需要生產市場有需求的產品，而對需求的判斷，往往基於當前可以取得的市場數據。企業根據當前市場需求，判斷未來供給必然會生產滯後，從而導致供給時而超過需求、時而低於需求。供給滯後於需求，導致結構失衡，使一種需求尚未產生時，另一種供給卻已超過了購買力的需求。由於供給的滯後性，某種產品的需求由上升轉下降時，該種產品的供給還在繼續上升，因而供過於求。同樣，因為供給的滯後性，某種產品的需求產生時，該種產品尚未研發出來、來不及生產，或者供不應求。企業只有銷售產品才能獲得收入，同時，只有這種產品符合消費者的需求，產品才能銷售。因此，企業需要不斷改良產品以符合市場需求，只有符合市場需求，企業才能盈利。

要特別強調的是，需求領先於供給，而消費品需求才是最領先、最終的需求。儘管通貨膨脹目標制無法合理解釋為什麼要選擇 CPI（消費者物價指數）作為衡量通貨膨脹目標的指標，而不是採用 PPI 或 PPIRM 等，但各國通貨膨脹目標制的成功經驗，均表明通貨膨脹目標制採取的通貨膨脹目標是 CPI 目標。消費品才是最終被消費、並能影響人們生活水準，中間品則需要將成本加在消費品上，並透過提高消費品價格，轉嫁給消費者。

產能需求領先於產能供給，使需求下降後，供給還來不及下降，導致產能過剩或產能供需結構失衡。產品需求變化使產品供給變化，進一步調整產能。創新可能導致產能上升領先於產品上升，但這並不違背需求領先供給的規律，這一點前文已經解釋過。當現有產能不足以生產出足夠產品滿足市場所需，提高新產能就是必須。然而，正如筆者一貫強調，供給滯後於需求，資本從進入到取得回報，是一段較長的時間，包括固定資產等購建活動、材料採購與產品生產、市場開發與產品銷售及銷售回款等。建設工廠往往需要幾年的時間，設備從購買測試到運行，也常需要幾個月時間。在工廠建成生產之前，就可能面臨市場供需環境變化的風險，需求很可能下行，其他供給者可能同時進入，很可能使產能過剩。市場供需環境的變化，通常包括其他競爭者的進入、需求的變化、技術的進步、消費習慣的改變等。市場供需環境一旦變化，建成生產的工廠可能被閒置或廢棄，這種閒置或廢棄的損失是全社會資本、土地或勞力等資源的浪費。因為已經生產的資本、土地、勞力成本不可逆轉，閒置的設備即使不用也會損耗。

勞力供給滯後於勞力需求，導致勞力失業。從勞力需求看，資本的逐利性，使資本流向權益淨利率高的產業和企業，導致權益淨利率高的產業和企業加快擴張速度，支付更有競爭力的薪水吸引勞力進入。勞力同樣在追逐更高的薪水水準，勞力的逐利過程，表現為向薪資較高產業流動，為滿足薪資較高產業的徵才標準，這種流動也包括接受教育與培訓，也導致教育與培訓機構的教授內容依需求變化而調整。勞力的供給相對需求滯後，這種滯後不僅包括人口增減的限制，還包括教育與技能培訓的滯後。從一項新技術研發成功到勞動者掌握需要時間，故具有創新能力和掌握尖端技術的勞力始終不足，除勞動者不願參與的部分高危險性或不夠體面的工作，傳統、成熟產業的勞力通常過剩。當某個產業擴張過快時，該產業就會勞力不足，只能提高薪水成本吸引更多人加入，並且可能不得不補充技能較差的勞動者來滿足所需；而當這個產業擴張過快導致過剩時，產業收縮會導致掌握該產業技術的勞動者失業，不得不轉而學習其他產業的技術，但這種學習需要時間。即使不考慮勞力掌握技術知識所需要的時間，勞力也是流動性較差的資源。工作職位通常需要有一定的穩定性，因為即使具有同等的技能，新雇的勞力都需要一些時間了解、適應公司文化，況且勞動法規等制約著勞力的流動，勞動契約有一定的期限不能隨意變更。另外，企業若從培養長期穩定工作團隊的角度考慮，即使社會上有更適合某個職位的人，也不會因此而更換現任職位上稍遜一籌的員工，因此，勞力很難像一般產品一樣，以較好的流動性盡快達到供需的最佳搭配。

使供給與需求以最快的速度相互配合，並使供給盡其所能的適應需求，是降低結構失衡損失的關鍵。政策是一種制度的供給，如筆者所一貫強調，供給滯後於需求，因此，政策也滯後。政策的滯後導致政府的經濟干預滯後，從而擴大經濟波動。政策導向會造成部分資金分配偏離基本面，因而降低資本使用效率、擴大結構失衡損失。本書重點討論貨幣供給，而貨幣供給相對於貨幣需求同樣具有滯後性，因而，人為使用過緊、過鬆的貨幣政策，均不利於經濟合理成長。因此，使貨幣供給適應貨幣需求，是貨幣政策的關鍵。

對於產品供需、產能供需、勞力供需，政府無須過多干預，市場機制會自動調整，將結構失衡損失降到最低。而對於貨幣政策，由於貨幣的供給離不開貨幣當局的干預，因此無法依賴市場機制調整供需，只能透過合理的貨幣政策，使貨幣供給最能適應貨幣需求，將結構失衡損失降到最低。

【重要結論】

使供給與需求以最快的速度相互配合，並使供給盡其所能的適應需求，是降低結構失衡損失的關鍵。而貨幣供給相對於貨幣需求同樣具有滯後性。因而，人為使用過緊、過鬆的貨幣政策，均不利於經濟合理成長。因此，使貨幣供給適應貨幣需求，是貨幣政策的關鍵。

不同於產品供需、產能供需、勞力供需可以由市場機制自動調整，貨幣的供給離不開貨幣當局的干預，因此無法依賴市場機制調整供需，只能透過合理的貨幣政策，使貨幣供給最能適應貨幣需求。不考慮貨幣政策以外的因素，貨幣能在最適應貨幣需求時產出、就業，也就達到最佳。

合理的貨幣供給量應該是多少？

貨幣供給何為多、何為少，始終沒有合理的定論，導致貨幣供給存在很大的人為因素。亨利·桑頓在《大不列顛票據信用的性質和作用的探討》（通常簡稱為《大不列顛的票據信用》）一書中指出：「每一次增加貨幣供給，後來似乎都被證明是合理的，只要之後的經濟活動能夠隨之成長，直至達到充分就業的水準。問題的關鍵也就在這裡，這種情況會導致中央銀行在毫無察覺危險時過多供給貨幣，而當它察覺時已經太遲了。」

究竟什麼樣的貨幣供給量，為最佳的貨幣供給量呢？筆者在《魔法村莊》一書中指出：「需求領先供給，是無法否認的市場經濟規律，在產品市場上，企業根據觀察到的市場需求生產產品，透過盡可能生產滿足市場需求的產品來獲利。在政策市場上，政策作為一種制度的供給，滯後於政策的需求，同樣，貨幣作為政策的一種，其供給滯後於貨幣需求。儘管產品市場供給的滯後，會導致產品短期供給過剩或不足，但從長期看，市場機制能適度調整，使供給緊追需求。貨幣供給不同於一般的產品供給，貨幣供給是一個人為決定的量，貨幣僅僅作為衡量尺度，貨幣的價格與生產貨幣的勞動量沒有關係，與自身的使用價值沒有關係，倘若不加以約束，貨幣當局可以無限量地加印貨幣。貨幣需求也不同於一般的產品需求，倘若不加以約束，人們可以無限量地要求取得貨幣。然而，有一點是相同的，最佳的產品供給，是盡可能的最大供給，滿足產品需求；最佳的貨幣供給，是盡可能最大供給，滿足貨幣需求，加以約束，是因為這裡的產品需求有購買力的需求，這裡的貨幣需求是有支付能力的需求。」

綜上，政策作為一種制度供給、滯後於政策的需求；同樣，貨幣作為政策的一種，其供給滯後於貨幣需求，最佳的貨幣供給，就是盡可能地滿足貨幣需求。

貨幣政策究竟應該達到什麼樣的目標？

柏南奇人所著《通貨膨脹目標制：國際經驗》一書中指出：「對很多經濟學家和決策者而言，有管理的積極貨幣和財政政策，似乎在任何時候都可以用來維持就業最大化，然而，並未顯示這一美好的結果。經濟週期在一九六〇年代，並沒有像較為樂觀的行動主義政策的支持者所預測的那樣，靜悄悄結束。事實上，一九七三到一九七四年，和一九八一到一九八二年，是第二次世界大戰後最嚴重的經濟衰退，通貨膨脹也並未消失。在美國與很多其他國家，一九六〇年代和一九七〇年代的行動主義貨幣政策，不僅沒有帶來其所保證的好處，反而助長產生通貨膨脹壓力，而這種壓力只有在付出高昂的經濟成本後才會減緩。」

貨幣政策的目標，包括最終目標、中間目標和操作目標，這裡討論的是最終目標。傳統貨幣政策理論認為，中央銀行的貨幣政策經過一定的程序後，影響一國經濟的實際領域，達到既定的目標，這就是貨幣政策的最終目標。貨幣政策的目標一般可概括為穩定物價、充分就業、經濟成長、國際收支平衡、金融穩定等。在本書提出的負利率目標制理論下，貨幣政策的目標不是人為干預實質經濟，以達到某種目標，而是將貨幣供給對實質經濟的干擾降到最低，使實質經濟能沿著自身的軌道發展。貨幣政策以滿足貨幣需求為目標，不再是通貨膨脹目標制下的物價穩定目標，更不會擔負充分就業、經濟成長等重任。

如前所述，最佳貨幣供給量，就是盡可能滿足有支付能力的貨幣需求，因此，在本書提出的負利率目標制理論下，貨幣政策的目標是使貨幣供給滿足貨幣需求。

既然貨幣供給的目標是滿足貨幣需求，那麼貨幣需求又是多少？前文已經說過，需求領先於供給，貨幣需求領先，故難以事先準確預測。

凱因斯在《就業、利息與貨幣的一般理論》中指出：「貨幣資金需求由流動性偏好決定。流動性偏好是一種潛在可能性或一種函數關係，當利率已知時，它決定公眾願意持有的貨幣量。流動性偏好的理由，可以劃分為三類：交易動機、謹慎動機和投機動機。交易動機，即需要現金，以便當前個人或業務上交易之用。企業經常得到收入，也經常支出，但兩者不可能同步同量。當收入多於支出時，形成現金置存；當收入少於支出時，需要借入現金。企業必須維持適當的現金餘額，才能使業務活動正常進行。謹慎動機，也稱預防動機，即希望保證一部分資產與未來的現金等價。由於這種動機所持有的貨幣，是為了防止意外支出，或遇到偶然有利的購買機會，企業有時會出現意想不到的開支，現金流量的不確定性越大，預防性現金的數額也就應越大；反之，企業現金流量的可預測性強，預防性現金數額則可小些。此外，預防性現金數額還與企業的借款能力有關，如果企業能夠很容易隨時借到短期資金，也可以減少預防性現金的數額；若非如此，則應擴大預防性現金額。投機動機，指置存現金用於不尋常的購買機會，即認為自己比市場中一般人更清楚知道未來要發生的一切，想從中牟利，比如在適當時機購入價格有利的股票和其他有價證券等。當然，除了金融和投資公司外，一般來說，其他企業專為投機性需求而特殊置存現金的不多。前兩種動機，即交易動機與謹慎動機的強弱，均部分取決於需要現金時，以某種暫時借貸的方式取得現金的代價和可靠性，尤其是銀行透支或類似透支方式的代價和可靠性。因為當實際需要現金時，可以沒有任何困難地立刻取得現金，那也就沒有必要保存當前不用的現金了。這兩種動機的強弱程度，也取決於我們持有現金的相對成本。如果持有現款的代價，是放棄購買有利可圖的資產，那麼就會增加成本，削弱持有定量現款的動機。如果存款可以生息，或者持有現金可以避免付費給銀行，那麼成本就會減少，動機就會較強。」

從上述論述可以看到，貨幣需求的難以預測性顯而易見，既然無法統計出貨幣需求的具體金額，又如何能使貨幣供給盡可能滿足貨幣需求呢？這就需要我們在後文進一步提出最佳的貨幣政策操作。

綜上，最佳貨幣政策目標是使貨幣供給滿足貨幣需求，貨幣需求的數量難以具體預測，因此，不應制定具體的貨幣供給量來滿足貨幣需求，而應透過合理的貨幣政策工具盡可能適應貨幣需求。

◇◇◇◇◇◇◇◇◇◇◇◇◇◇◇◇◇◇◇◇◇◇◇ 貨幣政策目標應該如何實現？

傳統教科書對於貨幣政策的中間目標的解釋如下：「中央銀行在執行貨

幣政策時，首先影響利率或貨幣供給量等貨幣變量。透過變動這些變量，中央銀行的政策工具間接影響產出、就業、物價和國際收支等最終目標變量。因此，利率或貨幣供給量等貨幣變量，被稱為貨幣政策的中間目標。」

負利率目標制理論認為，貨幣政策的目標是使貨幣供給滿足貨幣需求，這就必須透過達成特定的中間目標來實現。然而，我們在之前的章節中已經分析過，貨幣需求量難以預測，沿用凱因斯在《就業、利息與貨幣的一般理論》中提出的理論，貨幣的需求包括交易動機、謹慎動機、投機動機的需求，充分考慮到這些需求的變化，才能合理安排貨幣供應量的變化。由於謹慎動機、投機動機的需求較難預測，所以控制貨幣供應量的難度上升。況且，就像很難預測產品需求一樣，即使僅僅是交易動機的資金需求，也無法準確預測。歷史經驗表明，根據產出成長率安排貨幣供給量成長率的措施是失敗的，作為實現最佳貨幣供給量的貨幣政策中間目標，控制利率的效果比控制貨幣供給量好，因此已開發國家率先放棄控制貨幣供給量，轉向控制利率。

受MV=PY的古典理論影響，傳統貨幣供給量的控制，主要考慮產出，即交易動機的貨幣需求，這導致貨幣供給與貨幣需求不相適應。由於未充分考慮到三種動機（交易動機、謹慎動機、投機動機）的貨幣需求，片面重視產出變化對貨幣需求的影響，導致根據產出成長率安排的貨幣供給量成長率措施失敗。因此，儘管本書提出的負利率目標制理論認為，最佳的貨幣供給量是最適應貨幣需求的供給量，但貨幣需求量較難衡量，無法提出具體的貨幣供給量以適應貨幣需求，以貨幣供給量為中間目標，難以達到最佳貨幣供給。從歷史數據看，以低通膨、低無風險名目利率，使經濟良好運行的國家，貨幣供給量變化與產出變化的相關性越來越低，貨幣供給量大幅波動或大大偏離產出，並未對產出造成明顯不利影響，也並未使通貨膨脹大幅波動，或推升通貨膨脹至高位。

以美國為例，一九八四年以前，貨幣供應量增加速度與經濟成長速度表現出很大的正相關性，然而一九七〇到一九八一年的名目利率與CPI背離經濟成長速度，並出現高通膨。一九八四年以後，美國貨幣供應量增加速度與經濟成長速度的走向基本相反，貨幣供應量增加速度幅度遠超工業生產指數的幅度，但並沒有發生嚴重的通膨；相反，逐步穩定至低通膨低利率水準，而名目利率、CPI與經濟成長速度同向波動。貨幣供給量變化與工業生產指數的變化高度正相關的俄羅斯，卻常常遭遇高名目利率與高通膨的困擾。

由於利率是交易動機、謹慎動機、投機動機需求等共同作用的結果，因此，利率的綜合性更強。歷史經驗也表明，貨幣供應量調整的結果並不理想，而利率調整的效果更好，各國央行逐漸放棄貨幣供給量，轉向利率調整。實施通貨膨脹目標制的國家，其貨幣政策中間目標，是利率調整而非貨幣供給量調整。美國一九八〇年代後，貨幣政策從貨幣成長目標制轉向利率目標制，貨幣供給更適應貨幣需求。我們在最佳利率分析中，已提出最佳無風險名目利率的概念，形成最佳無風險名目利率的貨幣供給量為最佳，相對於貨幣供給量調整，利率調整更有據可依。

一九八二年，美國聯邦準備系統宣布，不再特別強調實行貨幣成長目標制，而更重視利率目標制。一九九四年美國聯邦準備系統主席葛林斯潘指出，美國聯邦準備系統將放棄，以增減貨幣供應量調整經濟的做法，今後將以調整實質利率作為主要手段。威廉．西爾伯在《力挽狂瀾：保羅．沃克和他改變的金融世界》一書中這樣寫道：「對貨幣需求穩定性的擔憂，促使美國聯邦準備系統不再盯住貨幣總量指標，但沃克希望把政策變化的影響降到最低。在一九七九年十月至一九八二年十月期間，沃克把盯住貨幣總量，作為聯邦公開市場委員會的決策指南，因為貨幣總量關乎遏制通膨預期的信譽問題。但在此之前，他實際上是一隻眼睛盯住利率，另一隻眼睛盯住貨幣供應量，且必要時以貨幣供應量為主。當通膨已經被控制，且貨幣供應量統計數據的問題又很多，沃克可以回歸『常態』了，也就是說更密切關注利率水準。既然沃克已經不再需要貨幣總量這根拐棍來支撐信譽度，也就沒必要再強調貨幣供應量了。」

我們可以看到，從貨幣成長目標制轉向利率目標制後，美國貨幣供應量的變化與經濟成長速度變化的關係發生顯著的變化，一九八〇年代以前，貨幣供應量的變化與經濟成長速度的變化基本同向；一九八〇年代後，貨幣供應量的變化與經濟成長速度的變化基本反向。此外，一九八〇年代以前，利率與 CPI 高度相關並大幅波動，甚至與經濟成長速度變化呈現出較大的反向關係；一九八〇年代以後，利率與 CPI 降至低位，且波動幅度顯著下降，與經濟成長速度基本同向。顯然，一九八〇年代以後的貨幣供應量，是更適應貨幣需求的貨幣供應量。

美國貨幣供應量變化與經濟成長速度變化呈反向關係，卻更能適應貨幣需求，似乎不太好理解。實際上，貨幣的需求包括交易動機、謹慎動機、投機動機的需求。隨經濟成長速度變化的貨幣供應量，主要反應交易動機的需求變化，而美元作為世界避險貨幣，世界經濟下行時，大量資金流入美國避險，故對美元的需求量變化與經濟成長速度變化呈反向關係。而一九八〇年代以前採取的貨幣成長目標制，使貨幣供應量的變化與經濟成長速度的變化方向一致，未能對避險資金等的流動，貨幣供應量與貨幣需求量呈反向關係變化，加大經濟波動，造成利率與 CPI 的大幅波動。由於利率是交易動機、謹慎動機、投機動機的需求共同作用的結果，因此一九八〇年代以後的利率目標制，使貨幣供應量兼顧了交易動機、謹慎動機、投機動機的需求，貨幣供應量與經濟成長速度變化呈反向關係，卻更能適應貨幣需求。

貨幣政策中間目標發展曲折，傅利曼的現代貨幣數量論並不能在現實檢驗中站住腳，穩定的貨幣供給並不能帶來穩定的通膨，時至今日，依然有很多國家採用貨幣供給量作為貨幣政策中間目標；而已放棄貨幣供給量目標，並啟用利率目標的國家，對於何為最佳利率，也從來不曾明確定義。

【重要結論】

貨幣政策的最終目標，是使貨幣供給滿足貨幣需求，由於無法準確預測貨幣需求，以貨幣供給量為中間目標難以達到最佳貨幣供給。

貨幣政策只能控制經濟中的名目量，無法控制經濟中的實際量，經濟中的實際量由實質經濟運行狀況而定。

貨幣政策只能控制經濟中的無風險利率，無法控制風險利率，風險水準與風險偏好，受實質經濟運行狀況與資金需求者的風險判斷、心理因素等影響。

最佳的貨幣政策中間目標，為無風險名目利率目標，其能透過控制，實現最佳的無風險名目利率，達到最佳貨幣供給。

實現貨幣政策目標的工具有哪些？

貨幣供給適應貨幣需求，不僅包括適應量，還包括供給措施，即適應供給政策工具與操作方法。最佳的貨幣政策工具，應保障供給貨幣的過程以公開公平的方式進行，而不應變成人為的財富再分配；此外，貨幣供給要適應貨幣需求，就要保證貨幣需求者隨時可以透過合適的貨幣政策工具，儲存或借貸相應的貨幣，提高貨幣供需過程的效率。當然，由於中央銀行供給的貨幣為無風險貨幣，因此貸出貨幣應獲得充分擔保，而在獲得充分擔保的情況下，中央銀行不應拒絕供給。

目前，美國聯邦準備系統主要使用的貨幣政策工具，包括公開市場操作、貼現率、法定準備金、法定準備金與超額準備金利率、隔夜附買回協議、定期存款工具等。

【重要結論】

最佳貨幣政策工具，應保障供給貨幣的過程以公開公平的方式進行，而不應變成人為的財富再分配。

貨幣供給要適應貨幣需求，就要保證貨幣需求者隨時可以透過合適的貨幣政策工具，儲存或借貸相應的貨幣，提高貨幣供需過程的效率。

負利率目標制的完美接近者：二〇〇八年金融危機後，美國聯邦準備系統的零利率目標

即使擁有了最佳的貨幣政策工具，如何操作這些工具同樣會影響到貨幣政策的效果。我們無法準確得知具體的貨幣需求量是多少，因此也無法以具體的貨幣供給量滿足需求，但我們可以透過控制貨幣供給進入經濟的程序，達到以供給滿足需求的目的。要使貨幣供給滿足貨幣需求，只需保證貨幣供給在實現中間目標的前提下，將貨幣公平、準確地提供給真實有效的需求者，且保證支付的貨幣不存在違約風險。

貨幣當局如何保證，注入的貨幣已盡可能滿足了貨幣需求，而且是有支付能力的貨幣需求呢？

首先，貨幣當局作為貨幣管理機構，必然產生貨幣的管理成本，因此，為了保證貨幣需求方提交的是真實有效的貨幣需求，貨幣政策供給貨幣的利

率應比市場利率高，以高出的幅度彌補貨幣當局供給貨幣時，產生的成本或手續費，這也保證了貨幣需求方願意支付管理成本或手續費取得貨幣，而不會在市場上有套利機會。

其次，貨幣當局的貨幣供給行為不同於市場投資行為，不能承擔市場風險，因此，提供的貨幣應是無風險貨幣，取得無風險名目利率及收取貨幣提供過程所產生的手續費，同時要求貨幣需求方提交的貨幣需求有支付能力，避免沒有償還能力的貨幣需求者惡意取得資金，提高經濟風險，為保證這一點，貨幣需求方在向貨幣當局取得貨幣時，應提供全額擔保。

最後，如本書論述最佳無風險名目利率時所闡述，無風險名目利率如果合理，應保證自己持有現金與存放在保管機構區別甚小，因此，最佳無風險名目存款利率應為負值，負值用以彌補存入現金的保管成本；最佳無風險名目貸款利率應為正值，用以彌補貸出現金的管理成本。最後一條實際上包括了前兩條的內容。當然，貨幣政策操作必須公開公平，這適用於所有政策領域，不再反覆重申。

從國際貨幣政策的操作經驗看，美國聯邦準備系統的現行貨幣政策操作基本上滿足了以上條件。在成功的貨幣政策操作下，美國經濟達到了零無風險名目利率下的低通膨，與本書負利率目標制理論所達成的目標基本一致。儘管美國並未對外宣稱，其貨幣政策為零利率目標制，但實際上，其貨幣政策文件已明確將聯邦基金目標利率設定為零利率。

美國聯邦準備系統，在公開市場操作的政策描述中指出：自二〇〇八年末，美國聯邦公開市場委員會將聯邦基金利率設定為趨於零的目標範圍。

貼現率的政策描述中指出：一級信貸利率設定高於通常水準的短期市場利率。同時指出，所有貼現窗口貸款都充分擔保。

在法定準備金與超額準備金利率的政策描述中指出：透過調整超額準備金利率，調整聯邦基金利率到目標範圍。

在隔夜附買回的政策描述中指出：使用隔夜附買回為補充工具，幫助控制聯邦基金利率保持在聯邦公開市場委員會設定的目標範圍。

筆者在前文指出，最佳貨幣政策操作應滿足的條件之一，是貨幣政策供給貨幣的利率應比市場利率高，並以高出的幅度彌補中央銀行供給貨幣時產生的成本或手續費，即用最佳無風險名目貸款利率提供市場貨幣。從美國聯邦準備系統的貼現率政策規定，可以看到遵循這一規則，其需要收取一定手續費，以彌補實施貸款操作時產生的人力、系統、設施等成本，手續費率的設定，也使存款機構僅在迫切需要貨幣時，才向美國聯邦準備系統貼現，而不會存在市場套利機會。

筆者在前文中指出，最佳貨幣政策操作應滿足的條件之二，是貨幣政策供給無風險貨幣，應取得貨幣需求者的全額擔保。從美國聯邦準備系統的貼現率政策規定可以看到，同樣遵循這一規則。

前文指出，最佳貨幣政策操作應滿足的條件之三，是最佳貨幣政策操作的利率目標，為最佳無風險名目利率。貨幣政策能操作的是名目利率而非實質利率。儘管美國聯邦準備系統沒有將其設定為負利率，但已將其設定為趨於零的目標範圍。公開市場操作的目標利率是貨幣政策或政府的債務利率，即無風險名目存款利率而非貸款利率。前文已經說過，保管現金需要付出保管成本，因此無風險名目利率應為負值以彌補保管成本，現金的保管成本相對於現金總量而言，通常是一個趨於零的極低的比例，而這個比例，中央銀行可以透過核算自身真實的保管成本得出。美國聯邦準備系統趨於零的無風險名目利率目標，與負利率目標制的目標已非常趨同。

本書多次提到，最佳的無風險活期儲蓄的實質利率應為負值，以彌補貨物儲存成本。在實施通貨膨脹目標制以維持低通貨膨脹率時，通膨率大約為貨物儲存成本，無風險活期儲蓄名目利率趨於零；反之，在不受到重大非正常衝擊及財政支出合理適度的情況下，設定無風險活期儲蓄的名目利率為零時，通膨率自動調整到能彌補貨物儲存成本的低通膨水準。二〇〇八年後，美國聯邦公開市場委員會，設定聯邦基金目標利率為趨於零的利率，透過公開市場操作實現；同年，美國實行了一系列貨幣寬鬆政策，將目標利率下降到趨於零的水準，貨幣供給量大幅成長，而在此期間，美國並未出現嚴重的通膨。

而二〇一四年貨幣政策正常化後，使用準備金利率、隔夜附買回等政策目標，均為使聯邦基金目標利率保持在趨於零的範圍。

【重要結論】

最佳貨幣政策操作應滿足以下條件：

①貨幣政策供給貨幣的利率應比市場利率高，並以高出的幅度彌補中央銀行的供給貨幣時產生的成本或手續費；

②貨幣政策供給的貨幣為無風險貨幣，應取得貨幣需求者的全額擔保；

③最佳貨幣政策操作的利率目標，為最佳無風險名目利率。

◇◇◇◇◇◇◇◇◇◇◇◇◇◇◇◇◇◇貨幣供給如何影響價格？

貨幣供給，包括供給量與供給措施。筆者一直強調需求領先於供給、供給應盡可能適應需求的觀念。貨幣的供給同樣如此，貨幣供給應盡可能適應貨幣需求。簡言之，最適應貨幣需求的貨幣供給，為最佳貨幣供給。

貨幣並不僅僅代表貨幣本身，更重要的是代表著用貨幣可交換商品的名目價格。既然名目價格是以貨幣表示，貨幣的變化必然影響價格。然而，我們在最佳價格的分析中指出，最佳的名目價格應降低持有貨幣與持有貨物之間的差異，儲存物品會產生費用與損失，因此要降低持有貨幣與持有貨物之間的差異，則實物的名目價格需要上升，以彌補儲存成本。由於儲存成本由實質經濟運行決定，並非單純由貨幣決定，因此，貨幣政策只能控制貨幣供給過程引起的部分價格變化。對此，我們可以總結為：在不考慮經濟其他影響因素時，貨幣供給達到最佳時，必然產生最佳價格。

不同經濟環境下的儲存成本會存在差異，尤其當異常重大的衝擊到來時，存貨可能毀損慘重，因而提高儲存成本。此時，能彌補儲存成本的較高名目價格上升幅度或貨幣貶值幅度才合理，即高毀損率本應帶來高通膨率，倘若貨幣當局試圖大幅減少貨幣供給，強行使通貨膨脹接近低通膨目標，意味著必然造成不公平的財富再分配，破壞實質經濟本來的平衡。

◇◇◇◇◇◇◇◇◇◇◇◇◇◇◇◇◇◇ 貨幣供給如何影響利率？

貨幣供需不僅僅反應貨幣自身的供需關係，更能反應以貨幣可以購買到的資本供需關係。資本的供需由市場決定，因此貨幣的供需也應由市場決定，但貨幣不同於一般產品，可透過市場供需自行調整。貨幣供給同時受貨幣當局影響，提供多少貨幣、如何提供貨幣，均由貨幣當局決策者決定，決策是否合理，就影響著貨幣供給是否合理。

貨幣供給如果合理，應不干擾實質經濟正常運行，貨幣供需的利率應反應資本供需的利率。貨幣政策除了能決定由國家信用保證的無風險利率外，無法決定其他個人或團體的風險溢價，這裡將國家信用保證假定為無風險，儘管一國公債常有負擔太重無法實際履行償還義務的時候，且最終透過貨幣貶值，假借償還之名行破產之實，但這種償還方式下名目本金不變，只是實際購買力下降，而貨幣政策能控制的是無風險名目利率，因此這裡主要考慮名目本金的無風險。貨幣當局設定最佳的無風險儲蓄利率後，風險溢價應由市場決定。影響風險利率的因素眾多，並非貨幣政策所能控制，因此，在不考慮其他因素時，貨幣供給適應貨幣需求，將形成最佳利率。

不考慮其他因素時，當貨幣供給達到最佳，應能形成最佳無風險名目利率，反過來同樣成立，當貨幣政策合理控制利率目標達到最佳無風險名目利率時，貨幣供給量將達到最佳。最佳貨幣供給量的多少由貨幣需求量決定，而貨幣需求量無法準確統計，因此，貨幣政策應控制最佳利率，而不是貨幣供給量，貨幣當局可以透過控制利率，控制注入經濟中的貨幣量。

我們在最佳利率的分析中指出，儲存貨物需要付出一些勞動，以承擔儲存貨物的減值損失以及儲備過程中產生的保管費用，長期來看，無風險活期儲蓄的實質利率應為負值。不考慮非正常衝擊時，在設定無風險名目利率為零或圍繞零小幅波動一個區間的情況下，通貨膨脹率會自動調整，使貨幣相對實物價值下降的損失，大約等於扣除儲存孳息後產生的儲存成本。

不合理的貨幣供給將帶來什麼影響：看看貨幣供給如何掠奪你的財富

貨幣供給何為多、何為少始終沒有定論，然而在貨幣政策長期的實踐過程中，的確感受到不當貨幣政策帶來的種種經濟問題。即使不存在貨幣，實質經濟也會沿自身的規律運行，而貨幣的存在，大大提高交易效率。最佳的貨幣供給應，使人們充分感受到交易摩擦成本降低的便利，而不會感受到貨幣帶來的混亂。

任何領域的供需失衡都會帶來損失，產品與產能市場的供需失衡，導致產品與產能閒置，從而在未充分使用的情況下，因自然損耗或技術落後變得無法使用，而不得不廢棄；但貨幣的供需失衡，並非源於閒置與自然損耗。由於貨幣代表所能購買到的貨物，不當的貨幣供給，等於人為重新分配財物，也就是說，貨幣供給對貨幣需求的偏離越大，這種人為改變越大，通常造成的結構失衡越大。在最佳貨幣供需狀態下，貨幣供給適應貨幣需求，基本上不影響產品市場的供需。

貨幣本身是個名目量，我們稱之為一分或者一元，其本身對經濟並無影響。長期來看，貨幣的多少似乎並不重要，因為貨幣與商品間的比例關係變化，只是單位貨幣代表的商品價值變化，或者說相對於商品而言，是貨幣自身的價格發生變化，商品間的相對價格卻很穩定；但從短期來看，不合理的貨幣供應有很大的問題，因為不同投資者持有的貨幣或商品間的比例相差懸殊，若貨幣相對商品的價格上升，則對持有貨幣的人有利，對持有商品的人不利；若貨幣相對商品的價格下降，則相反。這種人為重新分配財富，可能嚴重違背按勞分配的市場規則，使更多人不得不把注意力從實質經濟的勞動中，轉移到財富管理甚至投機，否則辛苦勞作取得的果實可能付之一炬，還可能導致資本投資的方向嚴重違背實質經濟的市場規律，導致更大的結構失衡。這種重新分配財富越劇烈，帶來的恐慌越大，越不利於實質經濟順利運行。綜上，貨幣供給不當之所以會影響經濟，主要是因為貨幣供給並非等比例提高所有人的貨幣量，與所有商品的名目價格，因而注入貨幣時，可能違背公平的市場原則，因獲得貨幣者的成本過高或過低，而形成財富再分配，擾亂市場秩序。

物品儲存必然損壞變質、落後淘汰，即貶值，而且受儲存期限、儲存條件、儲存費用、技術進步等的影響。每個人在按當期收入安排消費時，未考慮未來可能貶值，需要減少全社會的福利來彌補。貨幣供給與貨幣需求不能配合，將降低貨幣供需效率，從而降低資本分配效率，使更多閒置資產減值。人為不當干預貨幣供需，包括利率，將降低貨幣供給結構與需求結構的匹配度，促使實質經濟產品與產能結構無法匹配，造成結構失衡損失。

不當的貨幣刺激或緊縮，導致貨幣供給過量或不足，不能與需求配合，從而降低經濟效率。倘若試圖控制貨幣供給量，與貨幣需求不能配合的貨幣緊縮抗通膨，只會導致更嚴重的通膨，非最佳價格導致的財富再分配，將擾亂經濟秩序，不利於提高經濟效率。人為貨幣緊縮抗通膨使人為提高利率，導致企業正常生產所需資金成本提高，以及部分生產因資金成本過高而停止。一方面，人為的加息緊縮貨幣導致利率上升，連帶導致資金成本上升，以上升的資金成本生產的產品價格上升。另一方面，人為加息，以及人為提升企業的資金成本，部分企業因生產成本過高而被迫停止，導致產品供給不足，生產過少貨物，導致通膨。資金成本提高及產品供給不足會推升價格，使貨幣緊縮抗通膨，不但不能降低價格反而抬升價格。

倘若試圖刺激貨幣，人為刺激將導致貨幣供給過量。當某一領域因產品與產能過剩，導致盈利能力下降與資金緊張時，人為提高刺激會擴張生產與產能，使其過剩。產品的供需透過價格體現，貨幣的供需透過利率體現，貨幣的供需實際上代表能購買到的實物供需。因此，正如貨幣代表的是背後的商品價值，利率代表的是背後的產品利潤率或商品租金，利率與利潤率、租金率的關係維持穩定。當新技術尚未開發成功，現有技術下有購買力的需求已得到滿足，經濟必然需要等待，貨幣刺激之所以能帶來經濟成長，就是透過財富再分配，使原來生產過剩無法取得盈利的企業，能生產更多的過剩產品，使原來沒有購買力的需求能夠購買。如此，資源繼續分配到過剩機構，而不是滿足有購買力需求的潛在創新產品供給機構。然而，以刺激貨幣提高現有技術下的生產需求，不可能一直持續，因為僅僅是重新分配現有財富，而不是真正增加財富。

亞當斯密認為，公家機關不應該干預市場，而應該致力於保護市民、建立司法公正，以及承擔一些特定的工作，像發展教育、運輸系統和監管票據信用等。亞當斯密在《國富論》中指出：「我從來不曉得，那些為了公共利益而干預政府的人會帶來什麼好處。」

政府注入貨幣緩解危機，並不能真正解決危機，只是延後，而且當危機到來時，情況可能更為嚴峻。貨幣刺激重新分配現有供需環境下的財富，它將儲蓄者的財富轉移給面臨債務危機的企業，使企業形成錯覺，繼續生產與擴張產能，從而導致更多過剩。雖然短期內受財富再分配影響，危機中的企業得以重新運轉，閒置的產能得以利用，員工重回職位就業，帶來經濟成長，卻可能存在大量無效的成長。當太多資源被用來生產某一種產品，其他生產就會不足，貨幣刺激或財政刺激帶來的短期經濟成長可能加劇這種狀況，就會導致部分產品供給更為過剩、不足產品更不足，結構更加失衡，越來越多過剩產品毀損，從而提高儲存成本，加劇通貨膨脹。因此，貨幣刺激在短期內，的確可能提高就業與經濟成長，然而卻是透過大量的無效就業與無效成長實現。

亨利．桑頓在《大不列顛的票據信用》中指出：「如果經濟已處於充分就業的狀態，增加貨幣供給，將導致通貨膨脹；如果還沒有充分就業，那麼，增加貨幣供給就會促進經濟成長。」不過他同時指出：「每增加一次貨幣供給，在後來似乎都被證明是合理的，只要之後的經濟活動能夠隨之成長，直至達到充分就業的水準。問題的關鍵也就在這裡，這種情況，會導致中央銀行在毫無察覺危險之時，供給過多貨幣，而當它察覺的時候，已經太遲了。」

【重要結論】

不當貨幣政策對產品市場的影響，是透過人為重新分配現有資源達到。在最佳貨幣供給狀態下，貨幣不影響產品市場供需，僅僅作為衡量尺度，產品市場如同在不使用貨幣狀態下一樣沿著自身軌道運行，使人們充分感受到交易摩擦成本降低的便利，而不會感受到貨幣帶來的混亂。

與貨幣需求無法匹配的貨幣緊縮抗通膨，只會導致更嚴重的通膨。一方面，人為加息緊縮貨幣導致利率上升，又導致資金成本上升，促使產品價格上升；另一方面，人為加息控制通膨，導致提升企業的資金成本，部分企業被迫停止生產，導致產品供給不足，產出過少貨物，最後導致通膨。

貨幣刺激導致的經濟成長，可能存在大量過剩產品與產能的無效成長，導致可能存在大量的無效就業。

第五章　世界各國貨幣政策案例及數據驗證

不合理的貨幣供給將帶來什麼影響：看看貨幣供給如何掠奪你的財富

第五章　世界各國貨幣政策案例及數據驗證

美國的QE為什麼不會造成通膨？

儘管美國並未將貨幣政策定義為通貨膨脹目標制，貨幣政策目標也非單一的物價穩定目標，卻制定了明確的通貨膨脹目標以及估計了最大就業率目標，並盡量達成。但由於貨幣政策能決定的主要是通貨膨脹目標而非就業率目標，因此，實際上通貨膨脹目標，為美國聯邦準備系統現在的主要目標。以美國聯邦準備系統二〇一六年六月的貨幣政策報告描述為例：「聯邦公開市場操作委員會致力於促進充分就業、物價穩定、溫和長期利率……通膨率、失業率、長期利率順應經濟與金融波動，貨幣政策行動稍微滯後影響經濟活動與價格，因此，委員會政策決定反應長期目標、中期展望和風險平衡評估，包括金融系統風險可能阻礙委員會達成目標……長期來看，通膨率基本由貨幣政策決定，因此委員會有能力指定一個長期通膨目標。委員會判斷通膨率為２％，通膨率以消費者物價指數為依據，與美國聯邦準備系統的法定職責一致。美國聯邦準備系統關注，通膨率是否持續高於或低於目標……最高就業水準主要由影響勞動市場結構與動力的非貨幣因素決定，這些因素隨時間改變，且不能直接衡量，不適於指定一個固定的就業率目標……在貨幣政策的設定中，委員會希望減少通貨膨脹與就業率相對通膨目標偏離估計的最高就業水準。這些目標通常互補，委員會在判斷這些目標不互補的情況下，考慮目標偏離的幅度與時間平衡地推進這些目標。」

美國聯邦準備系統現在實施的貨幣政策，使無風險名目利率下降到零附近，並且維持了較低的通膨水準，這與負利率目標制理論正好符合。利率下降，降低組成價格的資本成本與利潤，因而降低通膨，無風險名目利率下降到零，或彌補現金管理成本略低於零的水準，通貨膨脹自動調整到約可以彌補存貨儲存成本的水準。顯然在正常經濟環境下，儲存成本率是一個較低的水準，因而通膨也是一個較低的水準。

美國是可取得相對較長歷史經濟數據，且較為完善的國家。美國是世界重要的資金避險國，同時是最大的原油進口國。從美國歷史數據來看，多數情況下經濟成長速度、就業率、利率、CPI表現出較大的正相關性，但一九八四年以前，貨幣供應量增加速度與經濟成長速度表現出很大的正相關性；一九八四年以後，卻表現出很大的負相關性。而一九七〇到一九八一年，美國名目利率與CPI背離經濟成長速度，期間包括美國聯邦準備系統主席亞瑟·伯恩斯任職期（一九七〇年二月至一九七八年一月三十一日）、威廉·米勒短暫的任職期（一九七八年三月至一九七九年八月六日）以及保羅·沃克任職期（一九七九年八月六日至一九八七年八月十一日）的早期。一九八四年以後，利率、CPI與經濟成長速度較為正相關，與貨幣供應量增加速度較為負相關，通膨得到控制。

在開放經濟中，資本在不同國家間流動，這也加大了一國貨幣需求量的波動。一九八四年以後美國貨幣供給量與工業產出表現出負相關性卻更能適應需求，主要受美元的國際避險地位影響。從美國的匯率變動可以看到，不同於原油出口國俄羅斯、加拿大等國匯率與原油價格的同向關係，美國是世界重要的原油進口國，二〇〇〇年以後，美元指數與原油價格表現出顯著的反向關係。二〇〇八年後，大規模實施量化寬鬆的貨幣政策（Quantitativec Easing，簡稱 QE），M1 成長速度高點達到 20%，M2 成長速度高點達到 10%，無風險活期名目利率趨於零。如此大幅的貨幣供給量增幅與降息，並未出現高通膨水準，可見貨幣供給量的多寡並不重要，重要的是貨幣供給是否適應貨幣需求。

回顧美國 QE 的實施過程，二〇〇八年十一月，美國聯邦準備系統首次公布將購買機構債和 MBS，被認為是首輪量化寬鬆。在二〇〇九年二月發布的貨幣政策報告中，美國聯邦準備系統的闡述如下：「自二〇〇七年夏天以來，美國聯邦準備系統強而有力的回應危機。直到去年年中，美國聯邦公開市場委員會（FOMC）下調聯邦基金利率三百二十五個基本點。由於經濟疲軟和金融動盪擴散在下半年愈演愈烈，FOMC大幅放寬貨幣政策。在十二月會議上，委員會建立了聯邦基金利率0到0.25%的目標範圍，經濟狀況可能需要聯邦基金利率在一段時間內維持非常低的水準。此外，美國聯邦準備系統在二〇〇八下半年採取了多項措施……美國聯邦準備系統十一月宣布，計劃購買機構擔保抵押貸款，支持證券和機構債務。這些舉措已導致美國聯邦準備系統資產負債表顯著擴大，聯邦公開市場委員會表示，在一個非常低的短期利率環境，由於公開市場操作和支持金融市場，給予經濟額外刺激的其他措施，預計資產負債表將維持高水準一段時間。」

從二〇一〇年十一月至二〇一一年二季度末，六千億美元的長期國債購買計劃，被認為是美國的第二輪量化寬鬆。在二〇一一年三月發布的貨幣政策報告中，美國聯邦準備系統的闡述如下：「二〇一〇年十一月，為支持經濟復甦，聯邦公開市場委員會宣布意圖到二〇一一第二季度末另外購買六千億美元長期國債。在二〇一〇下半年和二〇一一年初，美國聯邦準備系統維持聯邦基金利率的目標範圍為0至0.25%，重申其預期的經濟條件，包括資源利用率低、抑制通膨趨勢、穩定的通貨膨脹預期，可能令聯邦基金利率維持非常低的水準更長一段時間。」

在二〇一三年二月發布的貨幣政策報告中，可以看到美國聯邦準備系統新一輪的量化寬鬆：「二〇一二年九月委員會宣布，將開始購買額外的機構擔保的不動產抵押貸款證券（MBS）每月四百億美元。十二月委員會宣布，除了繼續購買 MBS，將初步按每月四百五十億美元的速度購買長期國債。」

QE 期間，美國聯邦準備系統的貨幣政策，主要是降低無風險名目利率，以刺激經濟成長與提升就業率，一系列貨幣寬鬆政策，使聯邦基金利率下降到零附近並維持。趨於零的無風險活期名目利率與低通膨並存的狀態，正好與負利率目標制理論一致，貨幣政策控制無風險活期利率為最佳利率，通膨會自動調整到實質利率可以彌補存貨儲存成本的水準。不過，筆者認為，超過負利率目標制實施範圍的債券購買，還有待商榷。

長期以來，貨幣供應量增加速度不超過產出成長率，就不會發生通膨的觀念幾乎已達成共識。盯住貨幣供應量，而不是盯住利率的貨幣政策目標，導致貨幣供給遠遠偏離需求。貨幣需求具有較難預測的特徵，凱因斯在《就業、利息與貨幣的一般理論》中指出：「貨幣資金需求由流動性偏好決定。流動性偏好是一種潛在的可能性或一種函數關係，當利率已知時，它決定著公眾願意持有的貨幣量。流動性偏好的理由可以劃分為三類：交易動機、謹慎動機和投機動機。」產出主要影響交易動機資金需求，因此我們可以看到，一九八四年以後，由於美元的國際貨幣地位，受避險資金的流入流出影響等，美國貨幣供應量大幅增加，與經濟成長速度走向基本相反，但並沒有嚴重通膨，可見美國一九八四年以後貨幣供給與貨幣需求相匹配。

然而，美國貨幣政策也發展曲折。一九八四年以前，在貨幣供應量增加速度與經濟成長速度同樣表現出正相關性的情況下，為何一九七〇到一九八一年，利率與CPI會背離經濟成長速度並出現高通膨，這與當時環境的變化有很大關係。一九六九到一九八二年是考驗貨幣政策的一段特殊的時期，一九六九年、一九七三到一九七四年、一九八〇年聯邦基金利率大幅高於一年期國債利率，皆是因為控制貨幣供應量所致。一九六九到一九八二年，貨幣供應量增加速度與經濟成長速度走勢正相關，利率走勢與經濟成長速度走勢表現出一定的負相關性。一九八二年後不再控制貨幣供應量增加速度，故大幅波動，一九八七年 M1 增加速度達到17%，而一九八九年甚至出現負成長。

在一九七一年締結《史密森協定》後，美元與黃金掛鉤的體制名存實亡。黃金的美元價格大幅上行，即美元相對黃金貶值，一九八〇年，是黃金美元價格的高點，也是美國 CPI 的高點。美元脫離黃金的名目錨後，向其本來價值回歸本是正常經濟現象，但實際上，黃金卻迎來一輪非理性的上漲，美元相對黃金的貶值幅度遠遠超過其應有的限度。一九七〇到一九八一年，美元指數整體上下行。美國國際收支部位數據顯示，美國持有的黃金資產占美國海外資產比例上行、外國持有的美元資產占美國海外資產及外國在美國持有的資產比例下行。美國黃金資產占官方儲備資產的比例也顯著上升。在棄美元、購黃金的背景下，美國聯邦準備系統實施了一系列加息措施，很長一段時間，聯邦基金利率顯著高於十年期國債利率。一九八二年以後，聯邦基金利率相對十年期國債利率大幅下降。

威廉．西爾伯在《力挽狂瀾：保羅．沃克和他改變的金融世界》一書中這樣寫道：「美國承諾用一盎司黃金兌換三十五美元的價格贖回美元，構成了世界支付體系的基礎。這一體制創建於一九四四年七月，在新罕布夏州布列敦森林，召開為期三週的國際會議。在長達四分之一個世紀裡，《布列敦森林協定》成為國際金融領域的『大憲章』，直至一九七一年八月解體……對通膨最簡單的解釋——過多的貨幣追逐過少的貨物——說出了長期的事實真相。如果沒有錢，人們就無法購物，而人們不購物，價格就不會上漲。自一九六五年以來的十年，美國貨幣供應量的增加速度是前十年的兩倍，相應的結果就是物價飆升。通膨率由低轉高的轉捩點，就是一九六五年三月詹森總統簽署了取消銀行儲備與黃金掛鉤的法案……自從一九八一年十二月以來，貨幣供應量大增15%，這讓所有的委員都很吃驚，如果考慮到一九八一年中開始的深度衰退，貨幣需求應該下降。在一九八二年二月一日，聯邦公開市場委員會會議即將結束的時候，委員投票決定考慮『貨幣供應量近期的上升問題』，並準備在一九八二年一季度『不再增加貨幣供應』。委員會還將聯邦基金利率提高到了14%，而一九八一年十二月的目標利率是12%。」從威廉．西爾伯上述描述可以看到，將深度衰退直接連繫上貨幣需求下降，是因為僅考慮到與產出相關的貨幣需求，即主要考慮交易動機的貨幣需求，人為加息以控制貨幣供應量，使得一九八二年二月的聯邦基金利率，遠高於一年期國債利率。

布列敦森林體系的解體，導致黃金價格大幅上行，對通膨的衝擊類似於原油價格大幅波動，而大宗商品的波動非一國所能控制，更非貨幣當局所能控制，而不當的貨幣政策應對反而加大了通膨的波動幅度。一九四四年七月，美國邀請參加籌建聯合國的四十四國政府代表，在美國布列敦森林簽訂了《布列敦森林協議》。根據布列敦森林體系，美元直接與黃金掛鉤，各國貨幣則與美元掛鉤，並可按三十五美元一盎司的官價向美國兌換黃金。一九六五年三月，詹森總統簽署了取消銀行儲備與黃金掛鉤的法案，一九六八年黃金價格大幅上升，一九六九年三月十日達到四十三點八三美元，此後黃金價格下行，一九七〇年一月重回三十五美元。一九七一年締結《史密森協定》後，美元與黃金掛鉤的體制名存實亡。

布列敦森林體系解體後，一九七一到一九八一年十年間，經歷了兩輪大的黃金價格上行，通膨的波動與黃金價格的波動表現出很大的同向變動特徵，當時日本的通膨也是如此。面對黃金價格上行，導致投機動機上行時，美國當時的貨幣供給過於關注產出，而未充分關注到其他動機的資金需求變化，導致貨幣供給無法適應貨幣需求。而又試圖加息控制通膨，由於名目利率上升，需要透過商品名目價格的上升轉嫁，同時不當的大幅加息，導致實質經濟無法及時調整，造成生產投資減少，導致通膨。

更大幅度的上行。大宗商品價格的大幅上升導致儲存成本上升，這就需要通膨上升彌補，降低持有貨幣與持有實物的差異；換句話說，貨幣政策只能透過控制無風險名目資金成本影響價格，而不能控制影響價格的其他因素，大宗商品價格上升導致的價格上漲，不應由一國貨幣政策控制。因此，大宗商品價格衝擊導致通膨上升，使通貨膨脹目標無法實現，只有使貨幣供給適應貨幣需求，才能將實質經濟中的損失降到最低，控制貨幣供給量或是控制通貨膨脹目標，都不是最佳解決方案。貨幣需求包括交易動機、謹慎動機、投機動機三種，雖然貨幣當局可以控制貨幣供給，卻不能控制貨幣需求出於哪種動機，黃金的投機行為，也並非一國貨幣當局使用貨幣政策工具所能控制。

【重要結論】

一九八〇年代以後，尤其二〇〇八年金融危機後，實施 QE 期間，美國貨幣供給量大幅波動，遠遠偏離經濟成長速度，無風險名目利率逐漸下降到零附近，但並未出現過高的通貨膨脹。如本書負利率目標制理論所提出，貨幣政策對通膨的影響，主要是透過調整無風險名目利率，不考慮貨幣政策以外的因素，提高利率會提高通膨，降低利率會降低通膨。貨幣政策以最佳無風險名目利率供給貨幣，使貨幣供給量達到最佳。

俄羅斯央行為什麼不能實現貨幣政策目標？

二〇〇〇年以來，俄羅斯貨幣政策相關數據顯示，除了特殊貨幣政策時期，俄羅斯的名目附買回利率穩定在6％左右的水準。儘管過高的名目利率會導致不當的財富再分配，不利於實質經濟的運行，但由於貨幣政策的穩定，對實質經濟的短期衝擊並不顯著。由於俄羅斯經濟沒有能力承擔如此高的利息成本，而高利息成本穩定地透過提高消費品價格轉嫁給消費者，因此，這一過高的名目利率基準提升了俄羅斯整體通膨水準，使俄羅斯長期以來，CPI同比數據的中位數維持在10％左右的高位。也正因為上述原因，儘管俄羅斯有著高無風險名目利率，但無風險實質利率長期為負。

二〇〇〇年以來，俄羅斯有兩次特殊的貨幣政策操作，一次是二〇〇七到二〇一〇年，另一次是二〇一四到二〇一六年，分別經歷了加息至降息的完整過程。上述兩個階段，利率水準與通膨水準的走勢均表現出很大的正相關性，進一步印證了名目利率的提高，將連帶提高名目資金成本，進而提高通膨水準的論述。

二〇〇七年初，俄羅斯原油價格大幅上行，導致通膨水準因資源成本提升而上升。根據負利率目標制理論，世界能源衝擊非一國所能控制，能源價格提升導致通膨加劇，屬於正常現象，無須人為控制；然而，俄羅斯提高了附買回利率，導致通膨水準上升更多。二〇〇八年七月，原油價格大幅下行，為防止資本外流，遏制盧布貶值，俄羅斯大幅提高附買回利率，故儘管原油價格大幅下行，但俄羅斯的通膨水準一直維持在高位。二〇〇九年初，原油價格由下跌轉向上行，附買回利率下行，向非特殊貨幣政策時期的6％靠攏，由於名目利率的大幅下行，儘管原油價格上行、工業生產指數速度上行，通貨膨脹水準卻大幅下行。二〇一〇年七月後，附買回利率下降到6％左右的水準，並維持一段長時間的穩定。受原油價格水準上升的影響，通膨水準儘管上升，但由於未受到加息衝擊，通膨水準的上升幅度較二〇〇八年與二〇一四年加息期間要低得多。

二〇一四年原油價格下行，與二〇〇八年的原油價格下行類似，俄羅斯關鍵利率的大幅提升，導致通膨水準大幅上升，而俄羅斯匯率指數依然隨原油價格下行。二〇一四年十二月十六日，俄羅斯央行發布通知，將關鍵利率從10.5%大幅上調到17%，並表示此舉旨在阻止盧布貶值、防控通膨大幅走高。在二〇一四年十二月大幅加息後，短期國債利率顯著高於長期國債利率，工業產出增加速度大幅下行，進入負成長，通貨膨脹卻大幅上行，俄羅斯匯率指數短期反彈後繼續下行。顯然，俄羅斯央行的加息未能阻止盧布的跌勢，也未能控制通膨，卻加劇了經濟危機。在俄羅斯央行二〇一四年的年度報告中，較為詳析了此次重要的貨幣政策決策，從分析結論看，俄羅斯央行並未意識到現行貨幣政策理論的邏輯錯誤，而將未達成貨幣政策目標歸結為不可預見的外部因素，報告的相關敘述為「大範圍產品和服務價格的加速提高，主要由於盧布的貶值和經濟的高不確定性，提高經濟實體通膨預期壓力與達成中期通膨目標風險。在這種情況下，俄羅斯央行自二〇一四年三月以來，分為六次，共提高關鍵利率 11.50 個百分點。二〇一四年十二月十六日，關鍵利率提升了 6.50 個百分點，達到17％。事實上，二〇一四年的消費價格成長加速，主要是由不可預見的外部因素造成，關鍵利率變化的貨幣政策對價格波動的影響長達十二至十八個月的時滯，二〇一四年通膨下降到5％的目標是不可能的。」

儘管俄羅斯常年處於高通膨水準，不同於部分執行通貨膨脹目標制國家的低利率與低通膨環境；但實際上，俄羅斯的貨幣政策執行的是通貨膨脹目標制，還以二〇一四年俄羅斯央行的年度報告為例，對於貨幣政策目標的敘述為「俄羅斯央行貨幣政策的主要目標，是實現價格穩定，價格穩定被理解為實現和維持穩定的低通貨膨脹率，這對保證經濟的平衡和可持續成長至關重要。國家貨幣政策指引制訂的二〇一四、二〇一五及二〇一六年的通膨目標為5％。」本書說過，由於通貨膨脹目標制僅僅是一個以低通膨為目標的貨幣政策框架，對於如何實現低通膨、實現怎樣的低通膨，並沒有明確的理論與操作規則，導致各國在執行通貨膨脹目標制時，出現眾多違背經濟規律的操作，造成不必要的經濟損失。

人為大幅提高利率以控制貨幣供應量，導致短期利率水準嚴重偏離企業利潤率的承受力，從而使企業無法正常生產與投資，使風險提高及生產不足，產出過少貨物。

俄羅斯的能源經濟，使資本流入流出大受原油價格影響，油價下跌時資本流出俄羅斯，伴隨著盧布的貶值。經濟危機或油價大跌時，資本流出俄羅斯，俄羅斯貨幣當局試圖透過加息緊縮貨幣，防控通膨或資本流出，名目利率的突然提升，導致企業短期資金成本大幅上升，使部分企業無法正常生產與投資，而繼續生產的企業則透過提高產品價格，將資金成本轉嫁給消費者，反而推高了通膨。二〇〇八年六月至二〇〇八年十二月、二〇一四年六月至二〇一四年十二月，是二〇〇〇年以來最大的兩次油價下跌，俄羅斯附買回利率從二〇〇八年六月的6.79%，上升到二〇〇九年二月的12%；從二〇一四年六月的7.56%，上升到二〇一五年一月的17.44%。這期間，工業生產指數增加幅度下降，CPI高位震盪或大幅上行。俄羅斯的兩次大幅加息都對應就業率大幅下降，從另一角度印證了之前的分析，即短期大幅加息提高資金成本，會導致部分企業無法生產投資，造成大量失業人口。

整體來看，俄羅斯的名目利率偏高，離負利率目標制的目標利率還有很大的一段距離。需要注意的是，負利率目標制的實施宜緩慢漸進地，不宜斷層式地降息造成經濟混亂。俄羅斯非重大衝擊期間的高名目利率，並不會造成類似加息抗通膨期間的大幅生產下降與失業上升，是因為這種貨幣供給過程的過剩與不足是漸進式，貨幣逐漸被經濟吸收，對短期經濟的影響很細微的。

【重要結論】

二〇〇〇年以來，俄羅斯的名目附買回利率通常穩定在6%左右的水準。高利息成本透過提高消費品的價格，轉嫁給消費者，因而，過高的名目利率基準，提升了俄羅斯整體的通膨水準，使俄羅斯長期以來，CPI同比數據的中位數維持在10%左右的高位，儘管俄羅斯有著高的無風險名目利率，但無風險實質利率長期為負。

二〇〇〇年以來，俄羅斯有兩次特殊的貨幣政策操作，一次是二〇〇七到二〇一〇年，另一次是二〇一四二〇一六年，分別經歷了加息至降息的完整過程，均為原油價格大幅波動期間。本書提出的負利率目標制理論認為，加息將提高通膨水準，儘管加息提高了名目利率，但通膨水準提高抵消了名目利率提升的部分好處，使該國貨幣的購買力無法提升，因而不利於提升該國貨幣的幣值。此外，大幅加息擾亂實質經濟正常的生產秩序，導致無法正常生產與投資，從而使該國產出下降，也降低了該國貨幣的吸引力，因此，兩次大幅加息試圖防止通膨，與盧布匯率貶值的措施並沒有成功，卻導致了工業生產指數同比增加速度大幅下行，以及失業率上行。

同為能源出口國的加拿大，與俄羅斯有何不同？

加拿大於一九九一年開始採用通貨膨脹目標制，一九九一年二月二十六日，加拿大發布聲明，到二〇〇五年以「降低通貨膨脹與建立價格穩定」為正式目標。第一個目標區間是到一九九二年年底，即目標施行二十二個月後，與上年同期相比，通貨膨脹率（以CPI的變化來定義）中間點達到3％；第二個目標區間是到一九九四年六月，達到中間點為2.5％的通貨膨脹率；第三個目標是再過十八個月後，通貨膨脹率中間點達到2％。

一九九一年至今，加拿大每五年修訂一次通貨膨脹目標制實施情況的回顧及目標，是通貨膨脹目標制實施成功的國家之一。正如加拿大央行在二〇一六年的通貨膨脹目標更新報告中所總結的：「加拿大實施通貨膨脹目標制的成果可觀，以CPI衡量的加拿大通貨膨脹，自一九九一年以來非常穩定。通貨膨脹目標引入以來，通膨水準快速下降。自一九九五年以來，通膨率平均接近2％，基本未脫離1％至3％的控制範圍。」對於較低的名目利率，加拿大央行在報告中解釋為「名目利率的低位主要是因為通膨預期下降，部分由於補償投資者通膨風險的溢價變小。」

在柏南奇等人所著《通貨膨脹目標制：國際經驗》一書中，對加拿大的通貨膨脹目標制經驗總結如下：

「第一，加拿大銀行在保持較低的通貨膨脹和阻止一次性衝擊價格水準進入到趨勢通貨膨脹中，這兩方面非常成功；第二，通貨膨脹目標制實際上非常靈活（例如，在目標失守時，加拿大銀行並不會受到任何自動制裁），通貨膨脹目標制的運行機制也能夠運轉良好，使加拿大保持低穩定的通貨膨脹，使加拿大銀行有適當的空間，在經濟受到意外衝擊時暫時偏離通貨膨脹目標；第三，加拿大銀行在面對疲軟的經濟狀況時，透過通貨膨脹目標手段，採取放寬貨幣條件的政策，同時相信這不會導致未來更高的通膨水準。正是因為通貨膨脹目標制框架的這種靈活性，以及同時關注目標區的下限和上限，通貨膨脹目標制並沒有要求加拿大銀行在事先承諾，承擔穩定實質經濟的全部責任。」

加拿大的通貨膨脹目標制無疑是成功的，但從上述總結也可以看到，在成功中包括通貨膨脹目標的偏離，包括放寬貨幣並未導致通膨的上行，也包括貨幣政策在卸下刺激經濟成長的責任後，能更適應貨幣需求環境。本書提出的負利率目標制理論指出，設定最佳無風險名目利率後，通貨膨脹會自動調整，使貨幣貶值的損失約可以彌補高於現金管理成本的存貨儲存成本，因此，通貨膨脹並非不能偏離目標。此外，加拿大的通貨膨脹目標制實施起始時點為一九九一年，當時正處於利率從高位下行過程中，通膨不久也轉為下行，加拿大在持續的降息過程中，原定的通膨目標已實現，在加息抗通膨尚為共識的環境下，通膨目標既已實現，也就沒有加息的必要性了，因此持續降息放寬貨幣的政策。實踐表明，擯棄貨幣供給量目標、放寬貨幣，並未導致通膨，反而能更適應貨幣需求環境。成功實施通貨膨脹目標制後的加拿大，無風險名目利率持續下行，至二〇一六年隔夜附買回利率已下降到0.5％左右的水準，越來越接近本書提出的負利率目標制理論。

同樣是重要的能源出口國，加拿大並沒有因為原油衝擊而導致高通膨與高名目利率，二〇〇八年的加拿大，隔夜附買回利率處於大幅下行中，從二〇〇七年十一月的4.5%，一直下降到二〇〇九年五月的0.2%，期間M3成長速度大幅下行，但M1、M2成長速度大幅上升；二〇一四年六月至十二月，原油價格大幅下行期間的加拿大，隔夜附買回利率穩定在約1%的水準，此後繼續下行，降低到二〇一六年約0.5%的水準。

除二〇〇八年金融危機期間的大幅降息與其後的失業率大幅上升，穩定的無風險低利率環境，使加拿大保持較為平穩的經濟環境。二〇一四年的原油價格大幅下行，加拿大製造業生產幾乎維持自身的經濟週期，並沒有出現明顯異常的大幅下行，失業率也未上行。原油價格下行時，資本流出加拿大，流入美國等國避險；原油價格上行時，資本流出美國等避險國，流入加拿大等國，加幣兌美元與原油價格走勢高度正相關，但加拿大允許匯率自由波動，並未採取加息防控資本外流的做法。CPI隨生產的波動而動，加拿大也並未採取任何加息防控通膨的做法。

【重要結論】

加拿大與俄羅斯同為重要的能源出口國，但加拿大在原油價格大幅下行期間，並未採取加息以防資本外流或匯率貶值的措施，維持了較低的名目利率，使加拿大維持較低的通膨水準。

此外，受原油價格衝擊的影響，期間加拿大通貨膨脹率出現了一定波動，但加拿大並未採取加息防止通膨上升的措施，名目隔夜附買回利率在低位保持穩定，通膨水準並未大幅上升。加拿大穩定維持低無風險名目利率的措施，使其維持了低通膨率，減少了貨幣政策對實質經濟的不正常衝擊，與本書負利率目標制理論一致。負無風險名目存款利率彌補現金管理成本，通貨膨脹自動調整，使貨幣相對實物貶值的幅度大約相當於存貨的儲存成本，儘管加拿大尚未實行負無風險名目存款利率，但低無風險名目存款利率已接近負利率目標制的目標利率。

從英國數據，看貨幣政策對二〇〇八年金融危機的影響

英國CPI的同比變化相對國際原油價格，有很顯著的滯後正相關性。二〇〇九年後，英國隔夜國債附買回利率就已基本穩定在0.5%以下的水準；然而，二〇一一年的原油價格高點，同樣使英國CPI上升到了歷史高點。二〇〇〇年以來CPI這樣的高位只有兩次，另一次是二〇〇八年第三季度，同樣是原油價格的高位。前文已經論述過，原油價格衝擊使通膨上升，不應由貨幣當局依靠貨幣政策工具控制，這一點美國存在類似情況，這與能源進口國還是出口國也沒有關係。原油價格上升對通貨膨脹率的影響方向一致，加拿大的CPI數據與原油價格也存在類似的關係，儘管顯著性更低。俄羅斯在附買回利率維持穩定的二〇〇五到二〇〇七年、二〇一〇到二〇一三年通膨的變化，與原油價格變化也有較高同向性，但附買回利率大幅波動的二〇〇八到二〇〇九年、二〇一四到二〇一五年卻正好相反，名目利率的人為調整導致CPI相應波動。

貨幣緩慢、漸進的變化會被實質經濟吸收，而不會形成顯著的擾動。二〇一二年後，英國即進入零或負利率、低通膨運行區間，至二〇一六年，基本上已達到負利率目標制的目標利率水準，然而過程並不順利。

英國二〇〇八年中至二〇〇九年初，短短不到一年的時間，國債隔夜附買回利率從5%左右的水準，急遽下降至約0.5%，CPI從二〇〇八年第三季度至二〇〇九年第三季度急遽下降，而從二〇〇九年四季度開始大幅上升，直至二〇一一年三季度末達到同比5%的較高位置。二〇〇〇年以來，這樣的高位只有兩次，另一次是二〇〇八年三季度，儘管受原油價格衝擊，但英國同期降息幅度大於美國；日本由於早已實施趨於零的無風險名目利率，降息幅度不大。從二〇一一年同期CPI的上升幅度看，英國大於美國、美國大於日本，二〇一一到二〇一二年，英國工業生產指數的同比增加速度大幅低於美國，這是一九八〇年代以來最大的差距。英國貨幣政策改變，受二〇〇八年全球金融危機的影響，但不是主要因素，因為負利率大潮已形成全球氣候，執行只是遲早的事。加息抗通膨的失敗我們已詳細闡述過，但對於降息，傳統經濟學理論均認為，放寬貨幣環境刺激經濟發展，但事實並非完全如此。

英國大幅降息後通膨上升，也並非源於貨幣供給量過多，從透過長期降息實現零或負利率、低通膨的國家的經濟數據來看，低通膨的實現都是透過降息實現；然而，由於英國短期內降息幅度太大，導致實質經濟無法及時消化，從而產出過少貨物，形成通膨，從英國急遽降息期間失業率的大幅提升，也可以側面驗證這一點。

我們在前文說過，加息抗通膨是失敗的，大量國家透過降息成功控制了通膨，但英國急遽降息階段，又是如何導致失業率與通膨上升？急遽降息後，由於部分企業已透過高息籌集資金生產投資，在這些投資尚無法透過銷售產品回收時，新投資者以大幅下降的利息籌集資金生產投資，取得成本大幅下降的競爭優勢。急遽降息使降息前以高利息籌集資金的企業，無法將高利息成本轉嫁，從而導致生產、投資損失，不得不減產或停工，導致失業率上升，以及因產出過少貨物而導致通膨加劇。本書負利率目標制理論指出，儲存物品會產生費用與損失，要降低持有貨幣與持有貨物之間的差異，則實物的名目價格需要上升，以彌補儲存成本。生產、投資的損失使經濟中存貨減值損失上升，而儲存貨物的減值損失是儲存成本的一部分，因而生產、投資的損失將導致儲存成本上升，也無疑會導致通膨上升。

【重要結論】

利率緩慢、漸進的變化會被實質經濟吸收，而不會形成顯著的擾動。負利率目標制應循序漸進，不應因為劇烈的貨幣政策變動擾動實質經濟。英國雖已實現趨於零的無風險名目利率與低通膨，但二〇〇八年中至二〇〇九年初，短短不到一年的時間，國債隔夜附買回利率從5％左右的水準，急遽下降至約0.5％，低利率、低通膨的實現過程中，急遽降息加劇了經濟危機。

◇◇◇◇◇從歐盟數據，看貨幣政策對失業率的影響◇◇◇◇◇

一九九二年二月七日訂於馬斯垂克的歐洲聯盟條約（馬斯垂克條約），確立了歐洲聯盟經濟暨貨幣聯盟（EMU）和歐洲中央銀行體系（ESCB）的基礎，提出「確定不可撤銷的匯率以導向單一貨幣（ECU）的實現，單一貨幣政策和匯率政策的界定和實現，兩者的首要目標應是維持價格穩定，並在與目標不相悖的情況下，根據自由競爭的市場經濟原則，支持共同體的一般經濟政策。成員國和共同體的這些活動，須同下列原則一致：穩定的價格、健康的公共財政與貨幣環境，和持續的收支平衡……ESCB的基本目標是保持價格穩定，在不損及價格穩定目標的前提下，ESCB應以有利於達到共同體目標為目的，支持共同體的一般經濟政策」。由此我們可以認為，《馬斯垂克條約》確立了價格穩定作為貨幣政策的主要目標。

歐元區自二〇一四年後，基準利率下降至零附近，一年期公債收益率為負。二〇一四年後調和CPI在1%以下，圍繞零小幅波動。歐元區的降息過程始於二〇〇八年，整體來說降息過程平穩；但二〇〇八年第四季度與二〇〇九年第一季度急遽降息，與英國一樣，過於急遽的降息，導致實質經濟無法在短期內及時調整，加劇了經濟危機，期間失業率大幅上升。歐盟工業生產指數與美國工業生產指數同比增加速度的差異，在二〇一一到二〇一二年出現一九九〇年代以來的低點；不過，二〇〇八年第四季度至二〇〇九年第一季度，歐盟的降息幅度比英國同期的降息幅度要小得多，二〇一一年通膨也未上行到如英國的高位。而二〇一四年後利率緩慢下行，伴隨工業生產指數回升，使就業率顯著回升。二〇〇四年後原油價格大幅波動，歐盟 CPI 同比增加速度與原油價格，表現出很大的同向變動特徵，包括因原油價格衝擊，使二〇一一年的通膨達到較高的位置。

二〇〇八年金融危機期間歐盟急遽降息，加劇了經濟危機；而二〇一四年後緩慢的降息，至負無風險名目利率，使就業率的上升。

負利率目標制的先驅：房地產危機後的日本，為何走不出通縮？

日本是較早執行低無風險名目利率的國家，一九九〇年代初，日本房地產危機爆發，自此開始了漫漫降息之路，隔夜拆放利率從一九九一年初約8%，下降到一九九五年末趨於零的水準，此後一直在零附近波動。降息期間CPI同比增加速度隨利率下行，一九九六年後隔夜拆放利率維持較為穩定的水準，CPI才表現出小幅週期性波動。由於實質經濟有自身的週期，除一九九一到一九九五年大幅降息期間，工業生產指數下行顯著，其他降息期間並未觀察到與利息一致的顯著波動，不過一九九一到一九九五年大幅降息期間，就業率明顯下行。一九七〇年代與一九八〇年代兩次大幅的降息期間，就業率也出現下行。低利率後的日本進入低通膨運行區間，CPI同比增加速度與工業生產指數同比增加速度，有同向變動特徵，通膨同時也受到原油價格衝擊的影響。

如負利率目標制理論所提出，名目利率的下降，透過降低名目資本成本等，影響通膨下行，因而日本歷次大幅降息期間，通膨都出現下行，且由於名目利率大幅下行，通膨下行偏離工業生產指數。一九九五年後，日本進入低利率運行區間，通膨同樣低位運行，甚至出現了長時間的通縮。日本的低利率與低通膨為何維持了這麼長的時間呢？一九九〇年代的房地產危機之後，日本經濟成長速度放緩，根據貨幣擴張可以刺激經濟發展的傳統理論，日本持續降低利率意圖，刺激經濟成長。一九九九年，日本確立了零利率目標，在長期降低利率與增加貨幣投放一的系列貨幣寬鬆政策後，出現了長時間通縮，而面對較低的通膨甚至通縮，日本又試圖透過進一步的貨幣投放，意圖提高通膨水準，儘管通縮的產生有實質經濟因素，但持續投放貨幣與降息也是通縮的重要原因。

現有觀點認為，通貨膨脹在2％左右最有利於經濟發展，目前美國、加拿大等國的通貨膨脹目標也設定為2％。為了實現2％以上的通貨膨脹目標，日本試圖進一步降低利率來提高通膨。二〇一六年一月二十九日，日本提出「負利率量化與質化貨幣寬鬆」（Quantitative and Qualitative Monetary

Easing with a Negative Interest Rate），正式開啓負利率。顯然，根據本書對負利率本質的研究，降低利率不利於提高通膨；不過，儘管日本沒有實施真正意義上的「負利率目標制」，卻得到類似「負利率目標制」的結果。但對於負利率的範圍，日本央行應重新核定。

儘管日本近二十年來保持了穩定的低利率，但是在低利率到來前，過於劇烈的降息，導致了不必要的經濟損失。名目利率的緩慢變動能逐步被實質經濟吸收，對實質經濟的衝擊小，實質經濟又透過物價變動，將名目資金成本變動轉嫁給消費者。然而，名目利率的急遽轉變，使不同企業因融資時間不同，產生巨大的資金成本差，形成不公平的競爭關係。利率的大幅下行，使新生產者以低成本進入，而融資成本高的原有企業，卻無法將高的資金成本轉嫁，而難以繼續經營。日本歷次大幅降息期間，就業率均較大幅度下行，此外，從日本一九九〇年代大幅降息期間，及其後幾年的破產企業數大幅上升，也可以證實前述判斷。

【重要結論】

如本書負利率目標制理論所提出的，名目利率的下降透過降低名目資本成本等影響通膨的下行，一九九五年後日本進入低利率運行區間，通膨同樣低位運行。

名目利率的急遽轉變使得不同企業因融資時間的不同而產生巨大的資金成本差異，利率的大幅下行使得新的生產者以低成本進入，而融資成本高的原有企業無法將高的資金成本轉嫁出去，因而導致生產經營難以為繼。日本歷次大幅降息期間均出現了就業率較大幅度的下行，一九九〇年代大幅降息期間及其後幾年破產企業數大幅上升。

從中國數據，看負利率目標制的實施時機

中國的貨幣政策操作工具，主要有公開市場業務、存款準備金、再貼現、

中央銀行貸款、利率政策以及非常規的補充性工具。從央行的定期報告可以看出，中國貨幣政策承擔了很多經濟調整的責任，意圖使用貨幣政策刺激經濟、社會救濟、扶持產業與調整結構等諸多目的。

由於中國的貨幣供給量變化主要考慮產出，而未未充分考慮避險資金等需求，產出主要與交易動機資金相關，貨幣供應量根據產出制定，不能充分考慮到謹慎動機、投機動機等，貨幣需求與國際資本流動的變化，導致貨幣供給不能適應貨幣需求，這將使利率不合理上升，連帶提升成本、降低生產，進而加劇通膨。早期產出增加速度下降，貨幣供給量增加速度相應下降，未考慮謹慎動機等所致的貨幣需求上升，使經濟下行時，貨幣供給下行過快，進行中的預算無法立即縮減，從而使資金緊張，利率上行，又導致資金成本上行，並推動價格上升，因而此階段利率大幅上升，通膨同樣大幅上升。從二〇〇〇年以來，中國三年的短週期的數據都可以看到這樣的特徵，例如二〇〇七年九月至二〇〇八年四月、二〇一〇年一月至二〇一一年七月、二〇一三年三月至二〇一三年底，均表現出貨幣供給量與工業產出增加速度下行、利率與通膨上行的特徵。貨幣供給突然不足，導致原有生產投資計劃無法正常進行，從而產出過少的貨物並加劇通膨。

從通膨數據，中國同樣受到世界原油價格衝擊的影響，二〇〇七年初至二〇〇八年初、二〇〇九年中至二〇一一年中出現較高通膨，而期間採取的加息措施也使通膨加劇，而二〇〇七年年中，中國 GDP 數據就開始下行。

二〇一〇年至二〇一六年，中國七天回購定盤利率，基本維持在一年期國債收益率之上，部分階段甚至高於一年期中債 AAA 級企業債收益率，工業產出始終在低位運行，過高的無風險名目利率水準，不利於企業正常生產投資。經過較長時期的調整，二〇一六年中國無風險名目利率維持在2％左右，是實施負利率目標制的好時機，可以透過緩慢持續地下降無風險名目利率，下降到能彌補現金管理成本的負利率水準。

【重要結論】

中國貨幣政策承擔了很多調整經濟的責任，並意圖使用貨幣政策刺激經濟、社會救濟、扶持產業與調整結構等諸多目的。

中國的貨幣供給量變化主要考慮產出，而未充分考慮各種動機的資金需求，導致貨幣供給無法適應貨幣需求。

二〇一六年，中國無風險名目利率維持在2％左右，是實施負利率目標制的好時機，可以透過緩慢持續地下降無風險名目利率，下降到能彌補現金管理成本的負利率水準。

全球貨幣政策觀察：為什麼會出現全球性負利率？

儘管在筆者提出負利率目標制理論前，並沒有一個國家實行真正的負利率目標制，但部分已開發國家的貨幣政策，還是出現了長期的無風險低利率，甚至負利率。之所以會導致這個結果，主要有兩方途徑：一方面，透過降息或增加投放貨幣刺激經濟發展，因而出現了低利率；另一方面，透過降息或增加投放貨幣，維持或提高通膨，因而持續低利率。

先說第一種貨幣政策操作途徑，即降息刺激經濟發展。根據傳統理論，貨幣擴張可以刺激經濟發展，這些國家在經濟危機之後大規模降息或增加投放貨幣，使利率下行，如日本一九九〇年代的房地產危機之後、美國等國二〇〇八年的金融危機之後，無風險利率下行至低位。

再說第二種貨幣政策操作途徑，即降息提高通膨。雖然貨幣政策史上，加息抗通膨屢見不鮮，但也不乏降息提高通膨的政策。在降息刺激經濟發展的一系列政策後，利率下降到低位，通膨也下降到低位。根據負利率目標制理論，利率降低會導致組成商品的資金成本降低，因而降低商品價格。然而，傳統理論卻與此相反，認為加息能減少貨幣、降低通膨，降息將寬鬆貨幣帶來通膨，基於這一錯誤邏輯，在經濟危機之後進入低通膨甚至通縮的部分國家，就沒有加息的必要，貨幣寬鬆政策得以持續，部分國家因為通縮或較低的通膨而進一步降息或增加貨幣投放，試圖提高通膨，因而走不出低利率與低通膨的死循環，使得低利率得以持續。

儘管各國依然對負利率存有疑問，並未將負利率視為長期的貨幣政策目標，但顯然，貨幣政策的物價穩定目標，對維持低利率有一定的影響。負利率的到來有其必然性，一方面，隨著政策逐漸向公正透明的方向演變，以及貨幣政策管理水準提高，貨幣政策利率與政府融資利率，越來越向合理的無風險名目存款利率趨近；另一方面，隨著資本不斷累積，社會逐漸負擔不起過高的異常利率溢價（這裡指超過合理利率的那部分利率，這部分利率通常是因不合理的貨幣政策、財政政策、金融監管等導致的不公平分配）。

事實上，即使名目利率為正，倘若實質經濟的利潤率承擔不起如此高的利率，必然會以提高物價的方式降低實質利率，使儲蓄者難以獲得實際上的異常利率溢價。二〇〇八年金融危機後的俄羅斯，名目利率顯著高於美國，但實質利率卻與美國實質利率相差不大，並沒有出現比眾多低名目利率國家明顯高的實際利率。

名目利率的下降，透過降低資金成本降低價格。因此，無論是否公開承諾實施通貨膨脹目標制，無論其中經歷如何曲折，也無論其中手段如何，有一點是共同的，那就是成功實現低通膨的國家，其無風險名目利率均經歷了較大幅度下滑，最終下降到零附近。

儘管根據「負利率目標制」理論，低利率與低通膨正是我們想要的，然而，急遽的利率變動，使實質經濟無法及時調整，導致資金成本過高的企業，無法透過提升產品價格，將成本轉嫁給消費者，導致無法正常生產經營。無論急遽加息還是急遽降息，均會干擾實質經濟的正常運行，顯然，不當的貨幣政策，加劇了二〇〇八年的全球金融危機。

【重要結論】

名目利率的下降，透過降低資金成本降低價格，成功實現低通膨的國家，其無風險名目利率均經歷了較大幅度下滑，最終下降到零附近。

急遽的利率變動，導致資金成本過高的企業，無法透過提升產品價格，將成本轉嫁給消費者，導致無法正常生產經營，加劇了經濟危機。

高名目利率並不意味著一定能為資金提供者帶來更高收益率，實質經濟的利潤率倘若不足以承擔過高的資金成本，必然透過提高通貨膨脹率，降低資金提供者的實質利率以彌補成本，因此，常年處於高名目利率中的俄羅斯，實質利率長期為負。

第六章 「負利率目標制」對各國貨幣政策的建議
　　全球貨幣政策觀察:為什麼會出現全球性負利率?

第六章　「負利率目標制」對各國貨幣政策的建議

負利率目標制和通貨膨脹目標制的區別

通貨膨脹目標制是一個貨幣政策框架，它的主要特點，是公開宣布一個或多個時限內的官方通貨膨脹數值目標（或目標區間），同時承認穩定的低通貨膨脹，是貨幣政策的首要長期目標。負利率目標制下貨幣政策的中間目標，是能彌補現金管理成本的負無風險名目利率，透過操作負利率目標，達到貨幣供給適應貨幣需求的最終目標。

在負利率目標制的負無風險名目利率環境下，通貨膨脹自動調整，使貨幣貶值的幅度相當於存貨儲存成本率超過現金管理成本率的部分。在正常的經濟環境下，儲存成本率通常是一個為正且較低的比率，因此在負利率目標制下，通貨膨脹率通常為正的低通膨率。這使成功的通貨膨脹目標制，將導致低無風險名目利率，而負利率目標制透過負無風險名目利率，達到低通膨，在正常經濟環境以及通貨膨脹目標制順利實施的情況下，兩者在一定程度上殊途同歸。

全球已有大量國家進入了低無風險名目利率、低通膨的經濟環境。縱觀實現低通膨的國家，有一個共同的特點，那就是低通膨的實現，均經歷了貨幣政策主動降低無風險名目利率的過程。美國從一九八〇年代初開始，利率整體呈下降趨勢，二〇〇九年以後聯邦基金利率、一年期國債利率維持在趨於零的水準，CPI同比在４％以下；日本從一九七〇年代開始，利率整體呈下降趨勢，一九九五年後一年期國債利率控制在１％以下，大部分時間為趨於零的水準，二〇一六年甚至進入負利率區間，一九九五年以後CPI同比在４％以下，圍繞零上下波動；歐元區二〇一四年後，基準利率下降至零附近，一年期公債收益率為負。二〇一四年後調和CPI在１％以下，圍繞零小幅波動；英國二〇〇九年後，基準利率與隔夜國債附買回利率控制在0.5%以下的水準，CPI同比維持在4%以下；加拿大二〇〇九年後，隔夜附買回利率控制在1%以下，CPI同比維持在4%以下；瑞士二〇〇九年後，三個月LIBOR利率下降到1%以下，二〇一四年開始進入負利率區間，二〇〇九年後消費者物價指數同比維持在2%以下。

既然低通膨與低利率如影隨形，負利率目標制與通貨膨脹目標制究竟有何區別？通貨膨脹目標制將低通貨膨脹率作為目標，但通貨膨脹目標制提出的是一種框架，對於如何實現通貨膨脹目標並沒有具體方案、通貨膨脹目標究竟多大才合理也並沒有理論指引、對不同經濟環境下低通膨的數值目標的制定並無具體標準、對通貨膨脹目標無法準確達成，以及特殊衝擊下偏離低通膨目標也缺乏合理的解釋。通貨膨脹目標制成功實現的低通膨，各國貨幣當局在反覆嘗試後終於得以實現，且未來依然存在眾多不確定因素。此外，在所有經濟環境中是否都應該保持低通膨、多低的通膨才是合理、已經進入負利率的國家是否應該繼續降息，通貨膨脹目標制無法回答這些問題。在通貨膨脹目標制的歷史經驗中也發現，重大衝擊到來時，通膨不可控以及準確實現通貨膨脹目標存在困難。而負利率目標制理論，解答了所有通貨膨脹目標制，以及以往貨幣政策操作中無法解答的疑題。不過，通貨膨脹目標制的實施儘管存在諸多疑點，但無疑是負利率目標制理論提出前，最合理的貨幣政策框架。

負利率目標制理論提供了實現低通膨的理論和方法，給全球受到高通膨、低通膨困擾的國家。在正常的經濟環境下，低利率必然實現低通膨，然而在重大衝擊環境下，當毀損等原因導致儲存成本上升，需要通膨來轉嫁時，較高的通膨水準是合理的，貨幣當局為實現低通膨的種種努力，反而可能造成實質經濟混亂，阻礙經濟運行。因此，貨幣當局需要控制、也能準確控制的是名目無風險利率目標，而非通膨目標，通膨受到貨幣當局供給貨幣以外的諸多因素影響。在最佳無風險名目利率目標下，一國通膨的高低或儲存成本的高低，究竟受何因素影響、是正常合理的因素還是阻礙經濟發展的因素、有否有改進的餘地以及如何改進，這些問題還要從貨幣當局供給貨幣以外的原因尋找答案。貨幣當局操作貨幣政策工具，只能控制最佳無風險名目利率，無法控制更多。在既定的最佳無風險名目利率下，通貨膨脹自動調整，使實質利率調整到大約可以彌補儲存成本的水準。負利率目標制可以實現正常經濟環境下的低通膨，此外，負利率目標制維持負利率目標，允許異常經濟環境下儲存成本等的異常波動，而導致通膨異常波動。

【重要結論】

通貨膨脹目標制的貨幣政策目標為低通貨膨脹，對如何實現低通膨並無具體理論，對不同經濟環境下的低通貨膨脹數值目標也並無具體的標準。負利率目標制以彌補現金管理成本的負利率，為貨幣政策中間目標，透過操作中間目標，實現貨幣供給適應貨幣需求的最終目標。

在負利率目標制下，通貨膨脹會自動調整，使實質利率大約相當於存貨儲存成本率，從而降低儲存現金與儲存貨物的差異。在正常經濟環境下，儲存成本率通常為一個較低的比率，因而負利率目標制能實現低通膨，但不同於通貨膨脹目標制，負利率目標制下在異常經濟環境時，因儲存成本率等的異常波動而導致的通貨膨脹率異常波動，被認為是合理波動。

◇◇◇◇◇◇◇◇◇◇◇◇◇◇◇◇◇◇◇◇◇◇◇◇◇◇◇ 負利率目標制的實施結果 ◇◇◇◇◇◇◇◇◇◇◇◇◇◇◇◇◇◇◇◇◇◇◇◇◇◇◇

負利率目標制是一種貨幣當局供給貨幣的政策操作機制，很多因素會影響貨幣供給的效果，但並不全是貨幣當局所能控制。例如，若能達到嚴格的財經紀律與金融秩序，對負利率目標制無疑有積極的效果；反之，財經與金融監管的混亂，無論貨幣當局有多好的貨幣供給政策，也難以達到最佳的貨幣供給、利率、價格。然而，倘若要分析財政、金融等秩序對貨幣供給政策的影響，闡述最佳的財政、金融政策，恐怕得另外撰寫一本書才能表達清楚，因此，下述討論是假定其他因素合理的情況下，負利率目標制所能達到的結果。

在一個開放的經濟中，有兩條關鍵的貨幣政策管道：一條是透過利率影響的操作管道，另一條是透過匯率影響的操作管道。本書主要討論透過利率影響的操作管道。

負利率目標制究竟能為我們帶來什麼呢？在負利率目標制下，貨幣供給適應貨幣需求，因而能形成最佳價格與最佳利率，將對實質經濟的不利影響降到最低。

在負利率目標制下，貨幣當局能直接影響的最佳利率，是最佳無風險名目利率，在無風險名目利率達到最佳的環境下，透過市場機制調節風險溢價。最佳無風險名目利率受到現金保管成本的影響，在經濟不受重大衝擊的情況下，最佳無風險名目利率通常為微低於零。

負利率目標制下的最佳價格，使貨幣適當貶值，以彌補存貨儲存成本，在經濟不受重大衝擊的情況下，最佳通膨水準通常為一個高於零的較低數值，重大衝擊會使存貨毀損等，提高儲存成本的因素，因而提高通膨。不當的財政政策、金融監管、產業政策等，均可以認為是對經濟的不正常衝擊，不當的財政政策、金融監管等造成的經濟結構失衡，增加實質經濟的損失。導致存貨毀損等提高儲存成本的因素無異於天災人禍，因此，在公平正義的社會環境、良好的財經紀律與金融監管等條件下，負利率目標制將能實現低通膨。

【重要結論】

在負利率目標制下，貨幣供給適應貨幣需求，因而能形成最佳價格、最佳利率，將對實質經濟的不利影響降到最低。

重大衝擊會導致存貨毀損等，提高儲存成本的因素，因而提高通膨。不合理的財政政策、金融監管、產業政策等，均可以認為是對經濟的不正常衝擊，其造成經濟結構失衡、導致存貨毀損等，提高儲存成本的因素類似於天災人禍。

◇◇◇◇◇◇◇◇◇◇◇◇◇◇負利率目標制的執行建議

柏南奇等人所著《通貨膨脹目標制：國際經驗》一書指出：「即使在過去二十年，執著追求低通貨膨脹的德國銀行和瑞士國民銀行，可能獲得了最高的信譽度，也只是在付出就業和產出較高成本的情況下，降低了通貨膨脹（Debelleand Fischer，1994，Posen, 1995a）。」那麼，負利率目標制是否也會造成上述經濟損失，又怎樣才可以避免這種損失？

貨幣政策急遽轉變會干擾實質經濟發展，因此，使就業與產出損失的不是通貨膨脹目標制本身，而是不當實施過程。不實行通貨膨脹目標制或未實行低通膨的國家，貨幣政策急遽轉變，同樣導致就業與產出損失，即前文詳細闡述過加息抗通膨的經濟損失。因此，負利率目標制的不當實施也會造成經濟損失，而為了避免這種損失，需要探討貨幣政策的轉變是如何干擾實質經濟發展，從而提供合理執行負利率目標制的建議。

為了讓讀者清晰地看到這種干擾過程，並更充分地理解其中的邏輯，先觀察以下的經濟數據，筆者再做總結。

美國一九七〇年代以來，最大幅度的三次失業率，分別是：

第一階段的一九七三～一九七五年，從一九七三年十月的4.6％上升至一九七五年五月的9％，上升了4.4％；

第二階段是一九七九～一九八二年，從一九七九年五月的5.6％上升至一九八二年十二月的10.8％，上升了5.2％；

第三階段是二〇〇七～二〇〇九年，從二〇〇七年五月的4.4％上升至二〇〇九年十月的10％，上升了5.6％。

其中，第三階段為失業率提升幅度最大的階段，對應美國二〇〇八年金融危機的急遽降息，這次降息開始於二〇〇七年六月至二〇〇八年十二月，無風險名目利率下降至趨於零的水準，聯邦基金利率從二〇〇七年六月的5.31％下降至二〇〇八年十二月的0.14％，並在此後維持較穩定的趨於零水準；第二階段是美國貨幣政策的重大轉變時期，由於受加息抗通膨的錯誤理論影響，美國聯邦基金利率一度上升到一九八〇年十二月22％的歷史最高點，此後開始長期降息；第一階段失業率的大幅上升，同樣發生於大幅加息試圖抗通膨之後。第一階段與第二階段的兩次大幅加息，均導致聯邦基金利率大幅高於穆迪AAA級企業債收益率。大幅加息導致企業無力承擔過高的資金成本，因而無法繼續生產投資，從而使失業率上升。

英國一九七〇年代以來，最大幅度的三次失業率提升（失業率指標數值，採用英國公布的男性與女性失業率數據的平均值）分別是：

第一階段是一九七九～一九八六年，從一九七九年十一月的3.5％上升到一九八六年八月的10.15％，上升了6.65％；

第二階段是一九九〇～一九九二年，從一九九〇年五月的4.95％上升到一九九二年十二月的9.45％，上升了4.5％；

第三階段是二〇〇八～二〇〇九年，從二〇〇八年四月的2.3％上升到二〇一〇年一月的4.8％，上升了2.5％。

其中，第一階段為失業率上升幅度最大的階段，在一九七〇年代以來英國史上最大幅度的加息後展開，英國英鎊同業拆放利率一度在一九八〇年一月達到21.5％的歷史最高點，此後下降。名目利率的大幅提升，導致企業無法承擔過高的資金成本，無法繼續生產經營，因此失業率大幅提升；第二階段失業率大幅提升，於僅次於第一階段的名目利率的大幅波動後展開，名目利率先是大幅提升，然後從一九八九年十月後急遽下降；第三階段失業率的大幅提升，開始於二〇〇七年八月的降息自二〇〇八年九月6％的水準開始急遽下降，直至二〇〇九年下趨於零的水準，並在此後維持較為穩定的趨於零水準。

日本一九七〇年代以來，最大幅度的三次失業率提升分別是：

第一階段是一九七〇～一九八七年，從一九七〇年六月的0.9％上升至一九八七年三月的3.2％，上升了2.3％；

第二階段是一九九〇～二〇〇三年，從一九九〇年十二月的1.9％上升至二〇〇三年四月的5.8%，上升了3.9%；

第三階段是二〇〇七～二〇〇九年，從二〇〇七年十二月的3.5%上升至二〇〇九年九月的5.4%，上升了1.9%。

其中，第二階段為失業率提升幅度最大的階段，對應日本因一九九〇年房地產危機的大幅降息，這次降息開始於一九九〇年直至一九九五年，無風險名目利率下降至趨於零的水準，並在一九九五年後維持較為穩定的趨於零水準。由於企業以高名目利率籌集資金，從生產投資到對外銷售、回收投資，需要較長時間，利息成本轉嫁相對於生產與投資滯後，使失業率提升連帶滯後，因此一九九五年維持穩定的無風險名目零利率後，失業率持續上升了一段時間。第一階段同樣是日本無風險名目利率的大幅波動期，由於日本早已在一九九五年實現無風險名目利率趨於零的水準，此後的波動基本都在0%至1%的區間內，二〇一六年後進入負利率區間，因此，儘管二〇〇八年金融危機期間，日本無風險名目利率的下降幅度是一九九五年以來最大，但整體來說名目利率水準下降不多，即使失業率較大幅度上升，但相對於另外兩次幅度要小一些，相對於美國、英國等國上升幅度也較小。

歐盟成立於一九九三年，數據期相對較短。歐盟失業率最大幅度的一次上升，是二〇〇八～二〇一三年，失業率從二〇〇八年三月的3.2％上升到二〇一三年六月的12.1％，上升了8.9％。此期間對應歐盟成立以來最急遽的一次降息，隔夜利率從二〇〇八年八月的4.3％下降至二〇〇九年八月的0.35％，此後基本維持在1％以下。

加拿大隔夜附買回利率，從二〇〇七年十一月的4.55％下降到二〇〇九年五月的0.22％，此後基本維持在1％及以下水準。二〇〇八年二月至二〇〇九年八月，加拿大十五歲及以上人員失業率從5.8％上升至8.7％，上升了2.9％。

俄羅斯失業率從二〇〇八年五月的5.4％上升至二〇〇九年二月的9.4％，上升了4％，此期間為俄羅斯的大幅加息階段。俄羅斯二〇一四年的大幅加息後，失業率儘管只小幅上升，但此期間美國、日本、英國、歐盟等國失業率都大幅下降；而加拿大失業率雖然沒有明顯的下行，但加拿大隔夜附買回利率為二〇〇九年以來的最大一次下降，不過整體下降水準不足1%。

從上述分析可以看到，並非大幅波動的貨幣供給量造成實質經濟混亂，而是大幅波動的貨幣政策利率。當名目利率急遽轉變，連帶名目資本成本急遽轉變時，使不同實質經濟企業短期內因融資時點不同，資本成本產生巨大差異，從而導致不公平的資源分配。這種不公平的資源分配，擾亂了實質經濟正常的產品競爭關係，使部分真正具有管理優勢的企業因貨幣政策的非預期調整，而無法繼續生產經營，而部分企業勝出並不源於自身的競爭力，僅僅是因為僥倖獲得較為低廉的資金成本，從而降低整體經濟的效率。名目利率的急遽變動，導致融資利率過高的企業無法轉嫁資金成本，被迫減少生產經營，甚至停止，導致失業率上升。由於日本早已在一九九五年實現無風險名目利率趨於零的水準，二〇〇八年金融危機期間，日本降息幅度不大，儘管失業率較大幅度上升，但相對於大幅降息實現趨於零的無風險名目利率的美國、英國等國，其失業率的上升幅度要小得多。經濟週期的變化本身會使失業率波動，然而從上述國家的經濟數據可以看到，相對於製造業工業生產指數波動對失業率的影響，貨幣政策利率的大幅波動對失業率的影響要大許多。經濟週期變化使實質經濟產生波動是漸進、可預期的，因而對就業影響較小；而貨幣政策利率的大幅波動急遽、不可預期，嚴重破壞實質經濟規律，因而造成更嚴重的失業狀況。

綜上，由於急遽變動的貨幣政策利率會擾亂實質經濟秩序，因此，負利率目標制應緩慢漸進執行，對當前貨幣政策利率較高的國家而言，應長期向下調整，逐漸實現負利率目標，一旦達成，將使貨幣政策對實質經濟的不當干擾降到最低。從歷史數據看，實現穩定趨於零的無風險名目利率的各國，普遍體會到失業率下行的好處。俄羅斯雖未實現低無風險名目利率，但二〇〇五到二〇〇七年、二〇一〇到二〇一三年，附買回利率維持穩定在6%左右，失業率同樣下行。

【重要結論】

當名目利率急遽轉變，導致名目資本成本急遽轉變時，使不同實質經濟企業短期內因融資時點不同，資本成本產生巨大差異，從而導致不公平的資源分配。這種不公平的資源分配，擾亂了實質經濟正常的產品競爭關係，使部分真正具有管理優勢的企業因貨幣政策的非預期調整，而無法繼續生產經營，使失業率上升，而各國貨幣政策利率大幅波動時，失業率均大幅上升。

負利率目標制應緩慢漸進執行，對當前貨幣政策利率較高的國家而言，應長期向下調整，逐漸實現負利率目標，一旦達成，將使貨幣政策對實質經濟的不當干擾降到最低。

◇◇◇◇◇◇◇◇◇◇◇◇◇◇◇◇◇◇◇◇◇◇ 負利率目標制的數據檢驗

在正常經濟時期、戰爭及自然災害等重大衝擊時期、能源價格衝擊等到來時，儲存成本受到不同影響，名目價格的變化也會有所不同，下面我們看看不同經濟環境下，這種名目價格的變化。

在正常經濟時期，貨物的儲存成本通常處於一個較低的水準，且維持較為穩定的狀況，因此，在負利率目標制形成最佳無風險利率，並達到最佳貨幣供給的環境下，通貨膨脹會進入一個較低的水準。歷史數據表明，低通膨下的貨幣政策利率、國債利率趨於零甚至略低於零。二〇〇九年後，美國進入低通膨與聯邦基金利率趨於零利率階段；澳洲為低通膨階段，銀行間利率逐步下降，向零靠近；加拿大進入低通膨與短期國債利率趨於零的階段；歐盟進入低通膨與短期公債利率趨於零的階段；二〇一五年，義大利進入低通膨與零國債利率，德國進入低通膨與負國債利率。

戰爭導致經濟中資源、產品等大量毀損，使人力、材料等成本大幅上升，即儲存成本大幅上升。因此在戰爭期間，名目價格即通貨膨脹率會大幅上升。傅利曼在《美國貨幣史》一書中，描述第一次世界大戰期間美國貨幣數據如下：「在整個一九一四年，貨幣存量一直緩慢上升，到一九一五年初開始加速成長，從一九一五年末期到一九一七年中期，與價格一樣，以最快的速度成長，而後在一九一八年年底前再次恢復快速成長，並先於價格成長。貨幣存量在一九二〇年六月達到頂峰，其規模大概是一九一五年九月的兩倍，比一九一四年十一月聯邦準備系統銀行成立時的兩倍還多。我們只有向前追溯半個多世紀到南北戰爭時期，或者向後延展四分之一世紀到第二次世界大戰時期，才能再次找到價格和貨幣存量如此快速和長期成長的時期。」

從南北戰爭、第一次世界大戰、第二次世界大戰期間的美國貨幣與價格數據可以看到，戰爭期間通貨膨脹大幅上升，與負利率目標制理論相符，戰爭使儲存成本的上升，故需要更高的通膨來彌補。此階段，通貨膨脹上升是合理的，不應由貨幣當局控制，如果貨幣當局人為大幅減少貨幣量來控制通膨，只會導致不公平的資源重新分配，阻礙實質經濟的運行。與戰爭一樣，地震等自然災害的重大非正常衝擊，也會導致實物資產重大損失，連帶導致名目貨幣相對實物資產價格下降，即貨幣貶值，因而加劇通膨。

當貨幣當局直接發行貨幣，彌補財政赤字時，使用發行的貨幣購買市場貨物，導致儲蓄者持有貨幣對應的貨物減少，如同戰爭與自然災害發生時，由於貨物大量毀損，持有貨幣者其貨幣所對應的貨物減少，因而形成上行通膨。傅利曼在《美國貨幣史》一書中指出：「第一次世界大戰期間，儘管賦稅提高，在交戰激烈時期，政府的一般收入與支出仍嚴重不足，並且這種情況持續到一九一八年十一月停戰後，且貫穿了一九一九財政年度的剩餘時間。聯邦政府的巨額赤字，都是透過借款和發行貨幣籌集。聯邦準備系統實際上成為政府債券的銷售窗口，其貨幣權力幾乎完全是為此服務。」

能源價格衝擊到來時，由於上游資源的獨占性以及大宗商品的國際投資品屬性，能源價格非一國所能控制，因此，其對儲存成本的影響及名目價格的影響，也非一國貨幣當局所能控制。

當能源價格上升時，以上升能源成本生產的產品，需要上升價格將成本轉嫁給消費者。從儲存成本的角度來看，能源價格的上升也會導致儲存場地、設備等成本上升，因而需要較大幅度的貨幣貶值，來彌補儲存成本。因此，面對不可控的重大衝擊，執行通貨膨脹目標制的各國的通貨膨脹目標，並非都是一般通貨膨脹，而是經過調整。沿用《通貨膨脹目標制：國際經驗》中的表述，紐西蘭通貨膨脹所依據的價格指數，被設計成排除供給衝擊的首輪影響，因此測量的是基底通貨膨脹（underlying inflation）。紐西蘭統計局公布消費者物價指數，該指數剔除了利率變化對生活成本的首輪影響。這一指數又經過紐西蘭儲備銀行修訂，剔除了來自貿易條件變動、能源與商品價格變化、政府收費與間接稅的變化，以及由其他影響價格變化較大因素所引起的第一輪衝擊。

透過大量的數據觀察與歷史驗證，我們確信，負利率目標制理論符合實質經濟運行規律，能使貨幣供給更適應貨幣需求，從而將貨幣對實質經濟的干擾降到最低。負利率目標制有利於實質經濟的良好運行，在貨幣政策所能影響的限度內，實現最佳的經濟成長與就業。

【重要結論】

在正常經濟時期，貨物的儲存成本通常在一個較低的水準，維持較為穩定的狀況，因此，在負利率目標制形成最佳無風險利率，並達到最佳貨幣供給的環境下，通貨膨脹會進入一個較低的水準。

天災人禍等，導致資源、產品等大量毀損，以及人力、材料等成本大幅上升，即儲存成本大幅上升，因此戰爭期間，名目價格即通貨膨脹率會大幅上升。

當能源價格上升時，以上升的能源成本生產的產品，需要提升價格，將成本轉嫁給消費者。從儲存成本的角度來看，能源價格上升也會使儲存場地、設備等成本上升，因而需要較大幅度的貨幣貶值，來彌補儲存成本。

第七章　負利率來了，該怎麼辦？

負利率目標制對投資品價格的影響

投資品價格受到多種因素影響，利率僅僅是其中一個變量。不僅如此，利率變化的影響又涉及實質經濟基本面、資金面、投資者情緒等諸多途徑，而每一個途徑又非常複雜。因此對於大多數投資品，我們都不能用利率變化簡單判斷絕對價格的漲跌，不過可以分析利率變化影響投資品價格的成因，從而更準確判斷投資品價格。

利率在資產定價中發揮著重要的作用，當以利率貼現計算未來現金流的資產價格時，利率是作為分母。因此，假定未來現金流不變，利率上升時，貼現計算的資產價格會下降，而利率下降時，貼現計算的資產價格會上升。當然，對於大多數資產而言，利率變化也會引起未來現金流變化，不過，人們往往更關注已經發生的事情，習慣用已知推斷未知、用歷史推斷未來，因此，利率變化往往會引起資產價格超過應有的波動。

就證券投資而言，主要投資品種有股票、債券、基金、衍生性金融商品等，而這些投資品種又與各種產業相關，比如石油產業，有石油生產企業的股票、石油生產企業發行的債券、投資石油企業的基金、投資原油商品的基金、原油商品期貨等。投資者往往需要在各種類型的證券之間選擇，即資產分配。豐富的金融產品，方便了不持有大筆資金的普通投資者能選擇不同類型的資產。就最佳投資收益而言，自然是在股票收益率最好的時候持有股票，在債券收益率最好的時候持有債券，在大宗商品收益率最好的時候持有大宗商品，不過要總是能作出最佳選擇恐怕很困難，且大量投資者沒有足夠時間與資金。投資於不同資產以分散風險，是每一個投資者都會考慮的問題。

儘管利率下行通常傾向於提高資產定價，但負利率對不同投資品價格的影響有所不同。投資者需要重新考慮以何種方式儲存自己的財富更為合理，是簡單地儲存現金，還是以持有企業股權的方式投資企業，或投資其他品種的產業。

負利率目標制下的貴金屬投資

貴金屬投資，主要是指黃金、白銀等的投資。儘管貴金屬已不再是日常交易使用的貨幣，但貴金屬有各式各樣的製品，並且單位體積有較高的價值，即使是普通大眾也可以持有，作為財富儲存的手段；再加上貴金屬在人類史上無法撼動的貨幣地位，以及當今的國際儲備地位，貴金屬成為人們替代紙幣的首選，故負利率必然引起貴金屬價格波動。

貴金屬之貴，並不在於其有多高的工業價值，而是由於其稀有以及受到人們追捧，黃金尤甚。在黃金成為貨幣以前，其主要用於裝飾，在各種儀式中為宣揚權力、財富、威望的工具。在古埃及，使用黃金是王室特權，在眾人膜拜下，法老採用與裝飾眾神一樣的材料，承擔類似於上帝的角色，顯示王權之神聖。雖然金冠戴在頭上很沉重，但君王還是願意在各種儀式中佩戴，而不會選擇其他輕便的材料。除了黃金的工藝美與象徵價值，加上其耐久性、高密度等易於保存的特徵，使其在古代就成為人們儲藏的財富。

當人們從事商業交易的時候，便產生貨幣。在紙幣發明以前，貨幣有過很多的形式，比如牛、奴隸、香菸、貝殼等，鑄幣則是重要的發明，而黃金鑄幣又以其目眩的純度、高密度、受歡迎度、柔軟性、稀少性等，價值不斐。黃金鑄幣的發展，推動了黃金在民間流通和大規模需求；而另一種貴金屬白銀，在貨幣史上與黃金的緊密相關，歷史上大多數時期，白銀的價值約為黃金價值的5%至10%，即白銀與黃金的交換率大約為20：1至10：1。古埃及人規定，白銀與黃金的交換比率為10：1，美國、英國、法國等國在金銀雙本位制時期，都採用過16：1至15：1的比率。

據記載，利底亞人是我們已知最先懂得鑄造和使用金、銀貨幣的民族。利底亞人在貨幣和貿易的創新，與其地理位置有很大的關聯，利底亞位於淤積沙金的河岸旁，提供了貨幣的原料來源。利底亞首都薩迪斯連綿約兩千七百三十五公里、橫跨東西方、連接愛琴海和幼發拉底河乃至遠東的交通要道，很適合發展貿易。利底亞的鑄幣在克羅伊斯時期達到頂峰，克羅伊斯實行貨幣雙本位制，這一制度在隨後歷史年代的其他國家也很常見到。如同古埃及人一樣，克羅伊斯規定白銀與黃金的兌換比率為10：1，這一比率也在其他歷史時期採用過，例如馬其頓王國的腓力和亞歷山大時期等。雙本位制非常實用，但由於黃金與白銀不僅是貨幣還是商品，隨著時間推移，兩種商品必然因為供需不同，價格也會相對變化，因此，建立在兩種貴金屬之上的貨幣制度極不穩定，難以維持固定的兌換比率。

由於黃金是一種商品貨幣，黃金貨幣的多寡，依賴於製造貨幣的黃金原料的多寡，不像紙幣可以隨意加印，導致黃金日益供不應求。尤為顯著的是戰爭時期，眾多國家財政不足以應付戰爭，只能以加印信用貨幣的方式變相徵稅，使紙幣相對黃金不斷貶值，或者說黃金相對紙幣的價值不斷提升，導致金本位制難以實施。例如南北戰爭時期，發行了大量「綠鈔」（美國流通券）籌集戰爭經費；英國受第一次世界大戰巨大的融資需求影響，因紙幣激增等，被迫中止英鎊紙幣兌換黃金。戰後這些國家也曾經試圖恢復黃金與紙幣的兌換關係，但如負利率目標制理論所指出的，貨幣供給應適應貨幣需求，人為調整貨幣供給，必然擾亂實質經濟秩序。試圖恢復黃金與紙幣兌換關係造成了經濟混亂，仍以失敗告終。

儘管金本位制或金匯兌本位制早已成為歷史，黃金的貨幣地位大大下降，然而黃金依然是重要的國際儲備，只要黃金的易變現特徵還在，黃金依然是人們儲存財富的重要手段，是在動盪時期獲得安全感的方法。因為黃金的化學屬性穩定，所以能夠歷經歲月洗禮與人類的權變。在不確定性遍布和令人恐懼的歲月中，儲藏黃金的行為貫穿了大部分歷史，無論是人們在戰亂中掩埋後院的金幣、還是古代權貴死亡時隨葬的金器，都顯示出黃金在人們心中難以撼動的地位。

一九六〇年代以來，黃金經歷了兩次大幅上漲。第一次是美元與黃金之間的固定兌換比例被打破，導致黃金價格上行，另一次則是穩定實施低利率或負利率，導致黃金價格上行。

美元與黃金之間的固定兌換比例被打破，導致黃金價格上行，於一九六〇年代展開，其觸發事件即布列敦森林體系的解體。一九四四年七月，美國邀請參加籌建聯合國的四十四國政府代表，在美國布列敦森林簽定《布列敦森林協議》，根據此協議，美元直接與黃金掛鉤，各國貨幣則與美元掛鉤，並可按三十五美元一盎司的官價向美國兌換黃金；一九六五年三月，詹森總統簽署了取消銀行儲備與黃金掛鉤的法案，一九六八年黃金的價格大幅上升，一九六九年三月十日達到四十八點八三美元，此後至一九七〇年一月重回三十五元。一九七一年締結《史密森協定》後，美元與黃金掛鉤的體制名存實亡，黃金的美元價格大幅上行，即美元相對黃金貶值，美元脫離黃金的名目錨後，向其本來的價值回歸本是正常經濟現象，但實際上，黃金卻迎來一輪非理性上漲，美元相對黃金的貶值幅度遠遠超過了其應有的限度。布列敦森林體系解體後，一九七一到一九八一年十年間，黃金價格大幅上行，美元指數整體下行，美國國際收支部位數據顯示，美國持有的黃金資產占美國海外資產比例上行、外國持有的美元資產占美國海外資產、外國在美國持有的資產比例下行，美國黃金資產占官方儲備資產的比例也顯著上升。

低利率或負利率的穩定實施，導致黃金價格上行，於二十一世紀初展開，其主要觸發事件是日本、美國等國在經濟危機後實施的低利率環境。金本位在世界貨幣史上發揮了重要作用，同時黃金的貴金屬地位也深入人心，其貴金屬性質及易保存、易變現的特徵，使黃金長期被人們作為紙幣儲蓄的替代物，也使貨幣政策對黃金價格的影響，大於對其他大宗商品的價格。低利率或負利率的穩定實施，使得持有貨幣的吸引力大幅下降，同時人們對經濟危機與通貨膨脹的擔憂，也提高了人們持有黃金的動機，如前文所述，黃金是人們在動盪期獲得安全感、抵禦恐懼的重要手段。

從美國經濟數據看，二〇〇〇年以前，無風險名目利率基本上是黃金價格的滯後指標，這與當時的貨幣政策有一定關係，也就是說，因為黃金價格或經濟中其他變量的變化，影響了經濟與貨幣當局的利率變化，因此，將黃金與利率間的關係，作為利率變化影響貴金屬價格變化的判斷依據不具說服力。二〇〇〇年後的日本，與二〇〇八年金融危機後的美國等已開發國家明確的低息措施不同，無風險名目利率的下降具有一定的獨立性，既不依賴於貴金屬價格也不依賴於工業生產。

二〇〇〇年以後，受日本的低息政策等的影響，黃金價格即進入上行通道，二〇〇八年金融危機期間有小幅調整。二〇〇八年金融危機後，全球眾多已開發國家向低利率或負利率的環境轉變，貨幣政策利率長期大幅下行，伴隨黃金價格大幅上漲。作為貨幣的替代，貨幣政策利率的降低，使持有貨幣的吸引力大幅下降，而持有黃金的吸引力則大幅上升，同時投資者對貨幣貶值的恐慌情緒，也加大了黃金價格的漲幅。不過在這種轉變結束之後，低利率或負利率環境維持不變，利率下行對黃金價格的影響也就不復存在。此外，如前文所提及，受制於廣大投資者有限的投資判斷能力，金融產品價格的波動遠大於實際應有的波動，黃金價格非理性的大漲結束後必然調整，而白銀的市場表現則與黃金類似。

負利率目標制下的原油等其他大宗商品投資

原油資源在現代生活中的不可或缺性以及地區儲量不均衡，使其作為一種戰略資源，受到各國高度重視，為控制原油頻頻引發世界爭端。石油資源有限，但沒有人知道有限到什麼程度，由於在不同歷史階段的技術水準下，對石油儲量的估計不同，使各種理論甚至包括有目的錯誤理論混淆視聽，使人們無法做出正確的投資判斷。

一九五六年，美國地質學家哈伯特發表了一篇名為《石油峰值》的論文，聲稱石油是化石燃料，是五億年前埋在地下的恐龍等生物沉積而成，油田的產量呈鐘形曲線，一旦超過峰值，產量就會下滑，並預測美國石油產量將在一九七〇年達到頂峰。這一理論在當時有很大的影響力，石油峰值論是典型的石油危機學說，為人們帶來對石油枯竭的恐慌。不過這一理論存在明顯的錯誤，事實上迄今為止，世界原油探明儲量一直穩定上升。一九五〇年代，蘇聯科學家就提出石油的非生物起源或無機成因理論，其的確根據這一理論勘探到了豐富的油田，原以為是石油荒原的西伯利亞，其實原油儲量豐富，目前俄羅斯也是世界重要的石油出口國。一九八九年，哈伯特在去世前不久的一次訪談中承認，自己用來估算美國石油儲量的方法與科學毫無關係，他說「他們（美英石油巨頭）要求我一定要估算出石油的最大儲量……我必須變成權威，而且別無選擇，只能畫出石油峰值的曲線，還要表現得信心十足。這就是事情的真相。相關曲線都是臆想出來的，我只是大概估算了一下，隨手一畫，如果覺得數值太高，就把線畫低點，反之就畫高點。除了根據曲線本身計算某段時間的石油產量之外，根本不涉及任何數學問題。」

除不斷發現油田，石油開採技術的進步，也影響人們可以獲得多少石油，李奧納多．毛傑里在《石油時代》一書中指出：「因其複雜的特質，即使長期密集的鑽孔，油藏總會保留一部分碳氫化合物。意味著那些不產石油、或者被認為已枯竭的油田，仍然含有或多或少的碳氫化合物，只是現有技術無法開採而已。除了內部壓力和技術外，其他一些客觀因素也會影響石油開採的難易度，比如油藏岩石的孔隙率、產層厚度，以及每個岩層內部的水飽和度。今天，世界平均石油開採率，是估計原油地質儲量的35％，意味著一百桶中只能帶三十五桶到地面。隨著統計數據更新，可以發現這些數字的巨大的差異，比如，波斯灣很多國家和俄羅斯聯邦，開採率不足20％；相反，在美國和北海，這個指標可能超過50％。」

儘管石油枯竭的危機尚未到來，但作為不可再生能源，其有限性依然不容忽視。人們從未停止尋找更好的能源，例如氫氣生產、儲存、運輸的高成本，以及前景依然疑霧重重的頁岩氣革命，相較於原油的低成本與成熟技術，顯然我們還沒發現競爭力比原油更強大的能源。

儲存財富一直都是問題，現代製造業發展到一定階段，大量存貨並非是初級階段的自然資源，而是為特定用途而加工過的產品，加工程度越高，使用用途可能越狹窄，產生孳息的可能性越小，減值風險越大。如砍伐下來的木頭，不再有生長的孳息，而木頭在儲存過程中腐蝕、損壞等的風險增加；如果做成一張木桌，儲存木桌比儲存木頭減值的風險進一步上升。類似的例子很多，如蓋房子使用的建築材料、製造車輛使用的金屬等，除應對危機的戰略物資，上游資源比下游消費品更適於長期儲存。

約瑟夫．熊彼得在《經濟發展理論》一書中，將不同加工程度的貨物定義為貨物的位階，加工程度越低，貨物位階越高，用途越廣泛：「現在必須考慮這個事實：當我們由低向高看位階時，貨物就越來越不定型；它們逐漸失去自己的特殊形狀，即預先決定其只作一種用途、而不作其他用途的特性。在貨物的位階上，我們走得越遠，貨物就越來越失去自己的本性，即為達到特定目的的效能；它們的潛在用途越廣泛，它們的意義就越普遍。我們遇到越來越少、可辨別清楚的貨物，單一種類相應地包含越來越廣，就像當我們沿著一條邏輯概念的系統由下往上走時，我們遇到數目不斷減少、內容不斷稀薄，而包含範圍不斷變廣的概念。貨物的家譜變得越來越單薄了，這只是意味著，我們選擇的觀察點離消費品越遠，居於第一位的貨物就變得越來越多，而它們都來自於較高位階的相同貨物。」顯然，資源是位階最高的貨物，具有最廣泛的用途，因而其減值風險也較低，不易因為下游消費品的技術進步、消費習慣等改變而喪失需求。

由於上游資源品更適合長期儲存，且資本會擇優累積。當資本夠少時，有更多初級階段的自然資源可以供資本投入；資本累積到一定階段，自然資源必然不斷受到擠占，如大規模房地產開發、大量工廠建設、礦產不斷被開採等。因此，資本累積會使有限自然資源的競爭加劇，原油一直是適於長期儲存的戰略物資。班傑明．葛拉漢曾於一九三〇年代，提出建立國際商品儲備貨幣制度，他選擇用於儲備組合的十五種商品中就包括原油。這十五種商品是根據當時的世界原料產值和貿易額情況，剔除易腐爛、交易不廣泛、不易標準化等選出的最重要商品，目前，這十五種商品依然占有重要的國際貿易地位。

不過，不同於貴金屬，原油是一種很重要的工業原料，和我們的衣、食、住、行息息相關。原油作為重要的工業原料，使原油價格受經濟週期影響較大。所以長期來看，經濟週期是大宗商品價格變化的主要因素，但負利率會對大宗商品價格有額外的影響。我們在討論負利率對消費品價格的影響時，提出降低利率會降低生產消費品的資金成本，因而會降低消費品價格。

為何降低利率不能以同樣的道理降低資源價格，反而會導致資源價格上升呢？這主要是因為，消費品的供給通常可以根據需求及時調整，以生產更多產品滿足需求，而資源供給卻不能根據需求同樣調整，雖然可以加大資源的開採力度，但其獨占特徵與稀有性，決定了其供給特徵與消費品會有較大差異，不過資源的創新與發現等，也會影響資源的獨占特徵與稀有性。

一九九五年開始，日本國債利率下行至1%以下，二〇〇一年日本實施穩定的趨於零的利率，從一九九九年至二〇〇八年金融危機爆發前，原油價格大幅上漲，儘管二〇〇一年與二〇〇六年受經濟週期影響，原油價格有小幅調整，但不改變長期向上的趨勢。而二〇〇八年金融危機結束後，美國等眾多已開發國家實行低利率或零利率，世界原油價格再次大幅上行。不過，如本書之前所闡述，由於絕大部分投資者沒有能力準確核算實際影響，因此，負利率對心理的影響遠大於實際影響，導致原油價格波動遠大於實際應有的波動，貴金屬價格的變化同樣如此。

負利率目標制下的股票投資

不同國家會執行不同的負利率政策，不同國家的股指走勢也有所不同。要分析負利率目標制下的股票投資，先看看已實現接近負利率目標國家的股指表現。

以美國聯邦基金利率、一年期國債利率為例，從短期來看，美國執行穩定低利率前的利率大幅下行期，從二〇〇七年九月至二〇〇八年十一月，穩定的低利率時期從二〇〇八年十二月至二〇一八年；從長期來看，一九八一年後，美國進入利率的大幅下行期。受全球金融危機的影響，二〇〇七年九月至二〇〇八年十一月的利率大幅下行，美國標準普爾 500 指數同樣大幅下行，而二〇〇八年十二月後進入了穩定低利率時期，受益於經濟基本面的改善，美國標準普爾 500 指數同樣上行。不過，儘管利率穩定維持，股指隨經濟波動而動。表面上看，似乎看不到股指與利率間的對應關係，但仔細分析會發現，二〇〇八年十二月後的穩定低利率時期，股指的表現大幅優於經濟基本面。透過觀察美國較長時期的經濟數據，我們可以看到，一九八一年美國利率大幅下行的十多年前，是美國利率的大幅上行期，此階段美國股指的表現劣於經濟基本面。一九八一年以後進入利率大幅下行期，股指的表現卻優於經濟基本面。由於股票與債券同樣作為金融市場的投資品，債券的低利率甚至負利率，使其對投資者的吸引力下降，而股票，尤其有穩定盈利與分紅、基本面良好企業的股票，既具備低風險的特徵，又具備類似存款的利息支付特徵，可以作為部分儲蓄者在負無風險名目利率後，低風險投資品的替代。相反，當名目利率過高時，從債券市場上可以獲得穩定的高收益率，股票的吸引力也就大大下降，如一九七〇年代利率大幅上行的美國。從美國二〇〇八年金融危機及其後的數據看，低利率或負利率改變傳統利率週期，主要是從穩定低利率時期開始，因為在此之前，利率與經濟週期一樣呈現週期波動，穩定低利率執行前的利率下行，更多是順勢而為，與上一週期的利率下行期並沒有太大不同。穩定低利率的執行改變了利率週期，不同於以往隨經濟基本面上行的利率，利率維持在低位，經濟基本面的上行使企業盈利改善，投資者也更為樂觀，而低利率使債券投資的吸引力進一步下降，更多的資金向股市轉移，使股指改善超越了經濟基本面。

以日本一年期的國債利率為指標，日本執行穩定低利率前的利率大幅下行期，從一九九〇年九月至一九九五年十一月，穩定的低利率時期從一九九五年十二月至二〇一八年。利率大幅下行期，是一九九一年日本房地產危機爆發期間，此期間經濟基本面大幅下行，日本股指日經 225 指數同樣下行，不過，由於這是日本當局的降息，一九九四年經濟週期性改善時雖然利率繼續下行，但是股指受經濟基本面改善的影響有所上行。如果處於穩定的低利率時期，股指隨經濟週期而波動。受房地產危機及一九九〇年過於急遽的降息等影響，一九九二到二〇〇二年十年期間，日本失業率急遽攀升，且房地產的價格也大幅下行，這使日本股指的表現並未超越經濟基本面，不過二〇〇三年後就業率逐步上升，股指表現也逐漸轉好。而一九九一年房地產危機爆發前的近十年時間（除去一九八九至一九九〇年兩年的利率上行期），利率大幅下行，經濟高速成長，股指與房地產價格大幅上行，不過股指的表現要優於經濟基本面。

以英國基準利率、隔夜國債附買回利率為例，從短期來看，英國執行穩定低利率前的利率大幅下行期，從二〇〇八年九月至二〇〇九年三月，穩定的低利率時期從二〇〇九年四月至二〇一八年。從長期來看，英國的降息始於一九九〇年，一九九〇到一九九三年有一次大幅降息，一九九三到二〇〇八年新一輪大幅降息前，利率在5%小幅波動。一九九〇年後的近十年期間，利率下行至較低位置然後維持穩定，英國股指富時 100 指數大幅上行，經濟基本面改善，但股指的表現是要優於經濟基本面。二〇〇九年四月後的低利率穩定期，股指的表現也是明顯優於經濟基本面。

以加拿大隔夜國債附買回利率為例，加拿大執行穩定低利率前的利率大幅下行期，從二〇〇七年十一月至二〇〇九年四月，穩定的低利率時期從二〇〇九年五月至二〇一八年。由於利率大幅下行期為二〇〇八年全球金融危機期間，受經濟基本面下行的影響，加拿大 CA-TS300 指數大幅下行，穩定的低利率時期股指與經濟週期的波動較為一致，但股指的表現略優於改善後的經濟基本面。

以瑞士法郎三月期 LIBOR 利率為例，從短期來看，瑞士執行穩定低利率前的利率大幅下行期，從二〇〇八年九月至二〇〇九年三月，穩定的低利率時期從二〇〇九年四月至二〇一八年，低利率時期有一次較大的利率波動，從二〇一四年十一月至二〇一五年二月，從零利率快速下降至 -0.85%。利率大幅下行期為金融危機期間，瑞士股指瑞士市場指數同樣大幅下行。金融危機後，經濟基本面上行，股指同樣上行，穩定的低利率時期，股指的表現略優於經濟基本面。從長期來看，從一九九二年開始，瑞士法郎三月期 LIBOR 利率就進入下行趨勢，從一九九二年五月至一九九九年六月，利率從９％左右的水準下降到１％左右，從一九九九年六月至二〇〇八年利率大調整前，利率小幅波動在２％上下，圍繞２％向上向下波動１％左右的水準，相對高位時９％左右的利率，此時利率水準已不高。一九九二年五月至一九九九年六月最大的一次利率下行期，股指取得了較好的表現，尤其一九九七年至一九九九年，利率大調整的影響消除，失業率下行，利率穩定在１％至２％的區間，股指的表現遠遠優於經濟基本面。

上述國家穩定低利率的執行期，股指的表現基本上都優於經濟基本面。不過，經濟危機期間股指的表現普遍較差。

迄今為止，俄羅斯雖不是低利率或負利率的執行國家，然而，俄羅斯附買回利率僅在危機期間大幅調整，平時利率基本上較為穩定，儘管這個穩定的名目利率偏高。二〇〇八年六月至二〇〇八年十二月、二〇一四年六月至二〇一四年十二月，是二〇〇〇年以來兩次最大的油價下跌，俄羅斯附買回利率從二〇〇八年六月的6.79%上升到二〇〇九年二月的12%、從二〇一四年六月的7.56%上升到二〇一五年一月的17.44%。除加息後的降息行為，其他時間名目利率較為穩定，二〇〇五到二〇〇八年的利率穩定期，股指的表現優於經濟基本面。不過，由於俄羅斯股指受原油價格影響大，受二〇一一年後的原油價格大幅下行影響，儘管二〇一一年至二〇一三年，俄羅斯附買回利率較為穩定，但是股指的表現並未超越經濟基本面。

◇◇◇◇◇◇◇◇◇◇◇◇◇◇◇負利率目標制下的債券投資

債券有很多種，有的債券期限較長，有的債券期限較短；有的債券利率固定，即票面利率預先確定，在償還期到來前債券發行人向債券持有人承諾每年支付的利息不變。有的債券利率浮動，即票面利率在設定的基準利率基礎上，加減一個價差，通常需要定期調整；有些債券有選擇權，有些債券存在信用風險。特定債券的收益率取決於不同的票面利率設定和調整條款、發行人的類型、經濟狀況等許多因素，在全球金融市場上，不存在一個共同的債券收益率。

債券的發行主體主要有中央政府、地方政府、國營與私營企業等，通常將中央政府信用保證的債券利率視為無風險利率，如我們常見的國債等。發行主體不同，對債務的履約能力不同。因此，對於這類債務，投資者會要求一定的風險溢價，補償可能發生的違約風險。不同經濟階段的同一產業、同一經濟階段下的不同產業，或同一產業內的不同企業，風險高低都可能不同，所需的風險溢價補償也不同。由於貨幣政策主要操作無風險債券市場，負利率目標制主要是調整無風險利率。不過，在同等風險溢價的情況下，無風險利率的下行，會相應降低承擔風險的債券利率。

不同的債券有不同的流動性，預期流動性越大，投資者要求的收益率就越低，如果不是以持有到期為目的，投資者就需要充分考慮債券是否有足夠的流動性能夠隨時賣出。

利率變化對債券價格或投資收益的影響，要視具體情況而定，不能一概而論，限於篇幅，這裡主要討論利率固定的債券。對於沒有選擇權的無風險固定利率債券而言，利率和債券價格變化的方向正好相反。由於債券價格是債券未來現金流量的折現，固定利率的債券按照本金的固定比例，定期支付利息，也就是說在沒有風險的情況下，其未來的現金流確定。折現未來現金流量時，利率是分母，利率變化與將這些現金流折現計算出來的債券價格變化相反。因此，利率上行，存量債券價格下行；利率下行，存量債券價格上行。對尚未執行負利率的國家而言，必然要透過降低利率來實現，這將導致存量債券價格上行，尤其對於較長期限的固定利率債券而言，未來有較長時期能獲得高於市場利率的利息現金流，因此當前價格就需要上升，使該類債券的未來收益率，無異於市場上新發行的其他債券收益率。不過，負利率目標制所帶來這種利率下行的投資機會大小，需要視負利率的執行過程而定，筆者建議貨幣當局不宜急遽降息，應緩慢下行利率至負利率目標。

顯然，利率下行對債券投資收益有兩方面影響：一方面，導致存量債券價格上升收益；另一方面，導致的未來利息收益下行，債券投資需要視投資目的。而兼顧這兩方面影響，才能做出正確的投資決策。當然，不同幣種債券還需考慮匯率變化等因素，限於篇幅，這裡不再論述。

負利率目標制下的房地產投資

房地產較長的耐用年數，使其常與人口相關聯，共同作為長週期經濟波動的重要研究對象。房地產週期具有一定獨立性，同時又受到一般經濟週期的影響。房地產業規模龐大，並非一般投資品所能比擬，房地產的建造過程需要大量材料、人力等投入，影響著實質經濟的各個環節，房地產危機一旦爆發，就會嚴重影響實質經濟，掀起金融危機。因此，儘管股票、商品等調整價格，並不必然代表房地產調整價格，但房地產價格大幅調整，往往導致股票、商品投資價格大幅起落。我們可以看到，日本一九九〇年代的房地產危機、美國二〇〇八年的房地產危機，都緊接著金融危機。

房地產往往既是投資品又是消費品，房地產耐用、易儲存、較易變現的特徵，使其很適合作為儲存財富的手段。同時，房地產的用途主要是居住，為保證社會穩定，國家為了經濟發展通常會限制房地產投機。

就房地產的資產特徵而言，房地產介於資源與消費品之間，既有土地資源的稀少性因素、較易保存和較好的流動性特徵，又有供居住、易隨時間自然損耗與使用損耗等的消費品屬性。

如本書所分析，利率下行會降低消費品生產所需的名目資金成本，因而降低名目價格。由於資源的稀少性，利率下行並不能使得資源的價格如消費品般，隨資金成本下行，若資本競爭加劇，反而可能導致資源價格上行。

由於資源與普通消費品兩種因素的共同影響，一九九〇年代房地產泡沫之後的日本、二〇〇八年金融危機後的美國，穩定的低利率均抑制了房地產價格大幅波動，僅隨經濟週期低幅波動，其幅度介於資源與消費品之間。

在負利率大潮中逆流而上

負利率究竟影響我們生活多大？只要大致算一算，就能明白負利率是怎麼樣使你銀行的錢越來越少。假定年利率為1％，你今天在銀行存了一百元，一年後的今天你還剩下九十九元，兩年後的今天你還剩下九十八點零一元，是不是會為快速下降的存款心慌？難道一百年後的今天，存款就歸零了嗎？還沒這麼嚴重。由於本金下降，存款每年下降的金額會減少，一百年後的今天你還有三十六點六元。如此下去，四百五十八年後的今天你還剩下一元；九百一十六年後的今天你還剩下零點零一元。

負利率似乎是個讓人聽起來不太舒服的新名詞，因為長期以來貨幣都是生息資產，我們已習慣從銀行獲得利息回報。不過，不管這個詞有多不舒服，面對全球負利率大潮，無論當局、企業還是個人，都不能不了解負利率的本質，且需要重新規劃經濟政策或融資、投資行為；也只有了解負利率的本質，才能順利應對負利率的到來。

當然，上述說的是名目利率，是債券發行時所載明的利率，或者是銀行牆上掛的牌子上，寫得清清楚楚的利率，即我們直觀感受到的那種利率。事實上，即使名目利率不為負，實質利率也可能是負。雖然實質利率不如名目利率容易察覺，但同樣影響著我們的生活。假定今天，一百元能買到一百顆蘋果；在未來的某一天，一百元可能只能買到五十顆了，因為蘋果的價格上升。所以，即使名目利率大於零，你的存款在未來的購買力也可能下降。不過，名目負利率往往更易受到大眾關注，導致市場投資品價格產生較大波動。

負利率來了，需要改變我們的資產分配組合，需要了解負利率對股票價格、債券價格、貴金屬價格、能源等其他大宗商品價格、房地產價格等的影響，做出新的投資決策。負利率對心理的影響遠勝於實際影響，因此將更大幅的影響投資品價格。

對貴金屬投資而言，貴金屬雖然仍具有貨幣的許多特徵，但無疑已不再是主要貨幣，但又由於易儲存、易變現，長久以來都是人們財富的安全替代物。況且，不同於其他種類的投資品，貴金屬可以隨身攜帶，滿足緊急情況下的支付需求。儘管經濟週期會影響貴金屬價格，但貴金屬之稀有，使其難以成為大量使用的工業原料，而貴金屬強大的貨幣特徵，使其更容易被貨幣政策影響。回顧歷史，打破黃金與紙幣的固定比例關係，以黃金的紙幣價格上升告終。長期來看，只要黃金的國際儲備地位不變，依然是值得持有的資產；不過從短期甚至中期看，在每一次黃金過度投機之後，黃金價格都會大幅調整。一般認為，長期利率是反應未來通貨膨脹率的指標，因此當短期利率相對長期利率過低時，人們就認為短期利率不足以彌補預期通貨膨脹率，因而購買黃金以避免通貨膨脹損失，導致黃金價格走強。貨幣政策操作以短期利率為主，中央銀行在降息過程中，會導致短期利率相對長期利率大幅下降，因而對於較高名目利率的國家，負利率目標制會導致短期利率較大下行。從美國、日本等國的數據看，近乎零的低利率使黃金價格大幅上漲。由於貴金屬較強的貨幣替代特徵，貨幣政策降低利率，會使持有貨幣的吸引力大幅下降，持有黃金的吸引力則大幅上升，同時，投資者對貨幣貶值的恐慌，也加劇了黃金價格的漲幅。對於普通投資者而言，除直接持有貴金屬，也可以投資貴金屬相關的金融產品，比如相關的股票、基金等。不過，受制於廣大投資者有限的投資判斷力，金融產品的價格波動，遠大於實際應有的波動，而白銀的市場表現則與黃金類似。

對原油等其他大宗商品投資而言，由於資本，導致對有限自然資源的競爭，負利率對資源價格的影響不同於對消費品價格。原油作為人類不可少的能源，其不可再生性以及較易儲存的特徵，使其可以作為國家戰略儲備的重要物資，對於普通投資者而言，顯然不太可能像持有貴金屬一樣隨時持有原油，但可以透過投資原油相關的金融產品來持有。儘管長期來看，經濟週期是大宗商品價格變化的主要因素，但負利率會額外影響大宗商品的價格。

一九九五年開始日本國債利率下行至1%以下，二〇〇一年日本實施穩定接近零的利率，一九九九年至二〇〇八年金融危機爆發前，原油價格大幅上揚，儘管二〇〇一年與二〇〇六年受經濟週期的影響，原油價格小幅調整，但不改變長期向上的趨勢。二〇〇八年金融危機結束後，美國等眾多已開發國家執行低利率或零利率，世界原油價格再次大幅上行。不過如本書之前所闡述，由於絕大部分投資者沒有能力準確核算實際影響，因此，負利率對心理的影響遠大於實際影響，導致原油價格波動遠大於實際應有波動。

對股票投資而言，由於股票與債券同樣作為金融市場的投資品，債券的低利率甚至負利率，使其對投資者的吸引力下降，而股票有穩定盈利與分紅的基本面，良好企業的股票既具備低風險的特徵，又具備類似存款的利息支付特徵，在負無風險名目利率下，可以作為部分儲蓄者低風險投資品的替代。相反，當名目利率過高時，從債券市場上可以獲得穩定的高收益率，股票的吸引力也就大大下降。因此，低利率往往能帶來較優良的股指表現。

對債券投資而言，利率下行對不同債券影響不同，投資者應關注不同債券的種類、條款設計、信用風險、流動性等。單就一國無風險的固定利率債券而言，利率下行對投資收益有兩方面影響，一方面是導致存量債券價格上升收益，另一方面是導致未來利息收益下行，債券投資需要根據目的，而兼顧這兩方面的影響才能做出正確的投資決策。

對房地產投資而言，房地產往往既是投資品又是消費品，房地產耐用、易儲存、較易變現的特徵，使其很適合作為儲存財富的手段。同時，房地產的用途主要是居住，為保證社會穩定，國家為了經濟發展通常會限制房地產投機。由於資源與普通消費品兩種因素共同影響，一九九〇年代房地產泡沫之後的日本、二〇〇八年金融危機後的美國，穩定的低利率均抑制了房地產價格大幅波動，房地產價格隨經濟週期低幅波動，其幅度介於資源與消費品之間。

無論是貴金屬、原油、股票還是房地產等投資，都不能忽略週期的影響，負利率目標制是在週期之外的額外影響。因此，負利率目標制在短期內，不一定會使上述投資品的價格產生絕對變化，而是在原有的價格變化基礎上修正，而這種修正是否會立即逆轉價格變化方向，取決於負利率目標制的執行力度與投資者的情緒。

負利率來了，我們不必恐慌，在討論負利率對消費品價格的影響時指出，降低利率也會降低消費品的生產資金成本，因而會降低消費品價格。所以儘管名目利率下降，但由於物價上漲放緩，實質利率不一定會下降，也就是說，你持有存款的購買力未必會隨名目利率下降。此外，負利率會提高整體經濟的運行效率，所以穩定合理的負利率，將使全社會生產更豐富的產品、降低失業率，並改善生活水準。

負利率來了，請努力去追求，而不是躺在祖輩留下的財富上庸庸碌碌地度過此生。仰賴利息生存將越來越困難，即便你沒有遠大的理想，也要面對現實。我們需要改變自己的資產分配，以避免財富貶值；然而，比資產分配更重要的是均衡飲食、適度運動、努力求知、敬業工作、身心健康，以智慧為社會創造價值，同時獲得應得的財富。

儲存財富永遠會有儲存成本，任何物種都不能懶怠地度過此生，螞蟻、松鼠、蜜蜂如此，人類也是如此。

負利率時代
別讓銀行偷走你的錢
Essence of
Negative Interest Rate

國家圖書館出版品預行編目（CIP）資料

負利率時代：別讓銀行偷走你的錢 / 劉華峰 著. -- 第一版.
-- 臺北市：崧博出版：崧燁文化發行，2020.05
面；　公分
POD 版

ISBN 978-957-735-981-0(平裝)

1. 貨幣政策

561.18　　　　　109006357

書　　名：負利率時代：別讓銀行偷走你的錢
作　　者：劉華峰 著
發 行 人：黃振庭
出 版 者：崧博出版事業有限公司
發 行 者：崧燁文化事業有限公司
E-mail：sonbookservice@gmail.com
粉 絲 頁：　　網　址：
地　　址：台北市中正區重慶南路一段六十一號八樓 815 室
8F.-815, No.61, Sec. 1, Chongqing S. Rd., Zhongzheng
Dist., Taipei City 100, Taiwan (R.O.C.)
電　　話：(02)2370-3310 傳　真：(02) 2388-1990
總 經 銷：紅螞蟻圖書有限公司
地　　址: 台北市內湖區舊宗路二段 121 巷 19 號
電　　話:02-2795-3656 傳真:02-2795-4100　　網址：
印　　刷：京峯彩色印刷有限公司（京峰數位）

定　　價：320 元
發行日期：2020 年 05 月第一版
◎ 本書以 POD 印製發行